INTERROGATOIRE SAVINE

L'an mil huit cent quatre-vingt-huit et le douze décembre, à deux heures de relevée, devant nous, Ch. Roujol, Juge d'instruction au Tribunal de première instance de Bordeaux, étant dans notre cabinet, au Palais de Justice, assisté de Joseph Vignes, commis-greffier assermenté, est comparu le sieur Savine (Jean-Louis-Albert), dont nous avons pris l'interrogatoire ainsi qu'il suit :

D. — Quels sont vos nom, prénoms, âge, profession, lieu de naissance et demeure ?

R. — Je m'appelle Savine (Jean-Louis-Albert), âgé de vingt-neuf ans, libraire-éditeur, demeurant à Paris, 18, rue Drouot, né à Aigues-Mortes (Gard), le 20 avril 1859, de Jean-Baptiste et de Caroline-Zoé Raoux, mariés, deux enfants, jamais condamné, classe 1879, tirage à Paris, n° 416, je crois; sais lire et écrire.

D. — Aux termes du réquisitoire introductif dont vous venez de prendre connaissance, vous êtes inculpé de diffamation sur la plainte de M. Raynal, député de la Gironde, et de M. Villette, ancien adjoint au maire de Bordeaux, actuellement trésorier-payeur général à Auxerre.

M. Raynal vise quatre passages du volume intitulé : Numa Gilly, *Mes Dossiers*. Le premier est relatif à la concession et au monopole du gaz de la ville de Bordeaux; il se trouve à la page 149 du volume.

Le second a trait à la fourniture des pavés céramiques de la ville, à la page 151 du volume.

Le troisième se trouve à la page 154; il y est dit que les Conventions ont été payées par quelques liasses de billets de banque.

Enfin, quatrièmement, à la page 155, on classe M. Raynal parmi les députés qui, sans fortune il y a peu de temps, dépensent au moins 200,000 francs par an.

1

De son côté, M. Villette relève le passage des pages 150 et 151, où il est dit que l'affaire du gaz lui a rapporté le montant de son cautionnement.

R. — Sur cette première partie de l'affaire, je me borne à répondre que M. Gilly, le 12 novembre, m'a déclaré qu'il était en mesure de faire la preuve, à la Cour d'assises de Nîmes, de tous les faits qui sont rapportés dans le volume intitulé : *Mes Dossiers,* et, par conséquent, de ceux qui font l'objet de la plainte. Le 12 novembre, M. Gilly croyait pouvoir faire entendre à la Cour d'assises les quarante-deux témoins désignés aux pages x et suivantes du chapitre intitulé : *Le Procès,* placé en tête de volume ; il me montra ou me fit montrer un certain nombre de pièces qui me parurent suffisantes pour appuyer ses assertions.

Pendant mon absence de Paris, M. Gilly, qui me savait parti pour Albi, a fait publier, dans le journal *la Presse,* une lettre reproduite par la plupart des journaux et par laquelle il décline toute solidarité avec moi.

Je crois utile de m'expliquer dès à présent sur ce point, et de vous faire l'historique de la publication du volume *Mes Dossiers,* sans attendre pour cela l'audience de la Cour d'assises ; j'ai d'ailleurs envoyé des démentis aux journaux.

Le premier projet de publication remonte au mois d'octobre. Entre le 20 et le 25 je remis à M. Peyron, avocat de M. Gilly, une lettre destinée à ce dernier. Je lui offrais de publier ses dossiers, soit au moment du procès, soit après, avec l'un de ces titres : Numa Gilly, *Mes Dossiers,* ou : Numa Gilly, *Les vingt Willsons.* Au commencement du mois de novembre, M. Peyron m'annonça de Nîmes le prochain départ de M. Gilly pour Paris et m'engagea à m'entendre avec lui sur la forme du traité ; il me disait que M. Gilly ne voulait pas avoir de bénéfices personnels, et il m'indiquait que j'aurais à verser le montant des droits d'auteur entre les mains de M. Allemand, trésorier du Comité de souscription et conseiller municipal à Nîmes.

Pour être plus exact, j'indique que les lettres de M. Peyron ne faisaient que préciser les conditions de ce versement, dont le principe était admis depuis le mois d'octobre. En effet, le dimanche 28 octobre, j'ai fait à M. Peyron un envoi de 1,100 fr., à titre d'avance et sur la publication à venir, pour subvenir aux besoins de la défense de M. Gilly. Quelques jours avant, j'avais déjà remis au même titre d'avances, 300 fr. à M. Chirac, en présence et sur l'invitation de M. Peyron, pour frais de voyage et de recherches dans l'intérêt de M. Gilly. Le 12 novembre, je vis M. Gilly, 13, rue Mazagran, chez un M. Caron. Je lui fis relire ma lettre du mois d'octobre, une lettre de M. Peyron reçue la veille, je lui demandai des instructions pour ma publication. M. Gilly confirma les pouvoirs donnés à MM. Peyron et Chirac, ses deux amis, sur lesquels il comptait absolument et qui, disait-il, étaient plus au courant de ses affaires que lui-même. Il confirmait également les engagements pris par eux et se disait prêt à en ratifier de nouveaux, s'ils jugeaient à propos d'en prendre. Il n'avait pas l'intention de se rendre à Nîmes le 17, convaincu que l'affaire serait renvoyée, et, dans ce cas, nous devions retarder la publication jusqu'au moment des débats contradictoires. Dans la même entrevue, M. Gilly remit à M. Chirac les documents visés à la page 125 du volume, sous le titre : *Affaire de la forêt de Bellezma;* c'était, je crois, la copie de ces documents, dont M. Chirac possédait les originaux, les tenant de M. Peyron. Le 13, je remis une partie du manuscrit à l'impression; le 14, M. Gilly partit pour Nîmes. Le 15, l'imprimeur recevait la dernière partie du manuscrit. Bien qu'autorisé par M. Peyron à corriger l'introduction qui commence à la page 21 en chiffres romains, j'ai conservé intégral le texte du manuscrit, désirant rester étranger à la rédaction. Dans la nuit du 17 au 18, M. Chirac, sous le nom de Duplessis, convenu entre nous, m'adressa un télégramme m'invitant à marcher, c'est-à-dire à publier.

Le 18, un dimanche, je reçus un second télégramme, signé Duplessis, qui me disait de me tranquilliser au sujet du télégramme, qu'une lettre suivait. Le télégramme auquel on faisait allusion était signé : « Gilly-Chirac », il avait été porté rue Drouot, à mon magasin, où l'un de mes employés me le remit le 19, à dix heures du matin. Il me disait de ne pas mettre en vente. Au moment où je le reçus, les volumes étaient entièrement imprimés et déjà transportés en partie, mais en feuilles, à Paris; le dépôt légal devait être fait entre trois et quatre heures du soir.

Je me proposais d'envoyer vers la même heure des exemplaires en feuilles aux journaux; enfin la mise en vente devait avoir lieu le 20, à neuf heures du matin. Tout fut immédiatement suspendu.

Dans l'après-midi, je reçus une lettre de M. Chirac, celle qu'il m'avait annoncée la veille par son télégramme au nom de M. Gilly. M. Chirac autorisait formellement la vente du volume, sous la seule condition que la déclaration imprimée à la page un, et le compte rendu des débats qui la suit, fussent imprimés à la fin du volume. Cette déclaration étant faite dans l'intérêt de M. Andrieux, je préférai l'imprimer en tête du volume, estimant que le lecteur devait avoir sous les yeux tout d'abord les rétractations; c'est ainsi que le volume fut publié sans opposition. Depuis sa publication, sur la demande de M. Chirac et de M. Peyron, j'ai envoyé 1,000 francs par le télégraphe à M. Peyron. Le même jour, par lettre chargée, je lui adressai 2,000 francs; sur cette somme, une partie représentait des droits acquis, le reste des avances. Ces fonds étaient destinés à régler les indemnités des témoins à Nîmes. Depuis, je n'ai reçu qu'une seule défense dans un télégramme signé : Gilly. Elle était conçue dans ces termes : « Supprimez réclame » Drumont couverture sous peine dommages-intérêts ». Il y avait « ou couverture *Mon livre* ou couverture *Dossier*. Le même jour, le journal *le Temps* annonçait l'envoi de cette dépêche. M. Chirac m'avait déjà demandé non de supprimer cette réclame, mais de la modifier en supprimant un passage. J'y aurais volontiers consenti, mais les termes de la dépêche et le procédé de M. Gilly me déterminèrent à n'en rien faire.

Je n'ai pas sur moi les dépêches et les lettres dont je viens de parler; je les ai cependant conservées.

Depuis que M. Gilly a fait publier ses lettres, j'ai donné l'ordre de suspendre la vente; je ne l'ai fait que ce matin, après avoir acquis, par la lecture des journaux de Paris, la certitude que cette lettre était authentique. Déjà j'avais télégraphié d'Albi à M. Gilly; il ne m'a pas répondu. Je sais que l'interdiction de vendre n'a aucune importance juridique, les délits étant commis, mais il ne me convient pas, dans les circonstances actuelles, de laisser plus longtemps mon nom accollé à celui de M. Gilly. Jusqu'à présent j'avais vu dans M. Gilly un honnête homme convaincu de ce qu'il avançait, pouvant l'établir et cherchant le moyen de faire connaître la vérité. Ma confiance est ébranlée et je suis amené à me séparer de lui. Vendredi 7 courant, M. Peyron m'a écrit pour me demander un nouvel envoi de fonds pour faire face aux charges du procès de Nîmes; il disait que sans vouloir se substituer à M. Gilly pour réclamer de moi l'exécution de mes engagements, il m'adressait cette demande, les besoins d'argent étant très pressants. Je lui ai répondu que je tiendrai compte à M. Gilly de ses droits acquis, mais que j'avais fait assez d'avances.

Lecture faite, a persisté et signé avec nous et le greffier.

Signé : SAVINE.
Signé : ROUJOL.
Signé : Joseph VIGNES.

L'an mil huit cent quatre-vingt-huit et le treize décembre, à une heure de relevée, devant nous, A. Roujol, juge d'instruction au Tribunal de première instance de Bordeaux, étant dans notre cabinet, au palais de justice, assisté de Joseph Vignes, commis-greffier assermenté, est comparu le nommé Savine (Albert), dont nous avons pris l'interrogatoire ainsi qu'il suit :

D. — Quels sont vos nom, prénoms, âge, profession, lieu de naissance et demeure?

R. — Je m'appelle Savine (Albert), déjà interrogé.

D. — Pour faire suite à vos explications en date du 12 courant, veuillez me faire savoir comment M. Gilly peut dénier toute participation au volume *Mes Dossiers*, s'il a réellement écrit la lettre du 7 novembre, imprimée pages 7 et 8 à la suite du compte rendu des débats?

R. — Cette lettre et celle du 5 novembre à laquelle elle paraît répondre n'ont pas été réellement échangées entre M. Gilly et moi. Un tiers en a arrêté la rédaction et en a communiqué le texte à M. Gilly et à moi séparément. J'ai la certitude qu'elle a été mise sous les yeux de M. Gilly. Une copie en a été adressée à M. Peyron qui en a parlé dans une lettre. Je vous communique le numéro de l'*Union des Travailleurs*, dont M. Numa Gilly est le directeur politique; il est daté du 28 novembre. On y lit en tête de la première colonne : « *Déclaration de M. Numa Gilly.* — C'est à mon insu et dans un intérêt que j'ignore que l'éditeur Savine a inscrit au dos de l'ouvrage dont je lui ai confié la publication une réclame en faveur du livre de Drumont, *la Fin d'un Monde.* » Cet article est signé : « Numa GILLY, *député,* » et celui-ci était à Nîmes au moment de sa publication.

D. — Il résulte de vos explications que vous seriez resté complètement étranger à la rédaction du volume *Mes Dossiers*.

De son côté, M. Gilly croit pouvoir décliner toute participation à cet écrit. Veuillez vous expliquer à ce sujet et faire connaître, si vous le jugez à propos, le nom de l'auteur.

R. — Je suis en effet tout à fait étranger à la rédaction. — Une seule fois, avant que le volume ne fût écrit, on m'a demandé ce que je pensais d'un passage visant une femme respectable. — J'ai répondu que j'étais d'avis de le supprimer et que je n'imprimerais pas le volume si ce passage y était introduit; du reste, mon interlocuteur était de mon avis. Ce volume n'a pas été écrit par M. Gilly. Il est dû à la plume d'un tiers que je connais. Cette personne, j'en suis convaincu, se nommera en temps opportun et il lui sera facile de prouver que M. Gilly, après lui avoir donné cette mission et lui avoir fourni toutes les pièces nécessaires au fur et à mesure que ces pièces arrivaient entre ses mains, ne lui a retiré aucun pouvoir jusqu'à la lettre écrite à M. Laguerre, qui est un désaveu.

Retenu par une affaire urgente en voyage, hors de Bordeaux, je compte arriver à Paris samedi soir, ou dimanche au plus tard. Je tiens à être confronté avec M. Gilly, soit à Paris, soit ici. Il me paraît plus probable que M. Gilly n'osera pas refuser cette confrontation à Paris. Je ne voudrais pas refaire le voyage de Bordeaux, sans avoir la certitude de l'y rencontrer.

Lecture faite, a persisté et a signé avec nous et le greffier.

Signé : SAVINE.
Signé : ROUJOL.
Signé : VIGNES (Joseph).

L'an mil huit cent quatre-vingt-neuf, le dix-huit janvier, devant nous, Lascoux, juge d'instruction au Tribunal de première instance du département de la Seine, assisté de Crosnier, commis-greffier assermenté, en notre cabinet, au Palais de Justice,

Sur mandat de comparution, a comparu le ci-après nommé, à l'interrogatoire duquel nous avons procédé ainsi qu'il suit :

Enquis des nom, prénoms, âge, date et lieu de naissance, profession, demeure, état-civil et de famille, l'inculpé Savine a répondu.

D. — Nous vous lisons la déposition, en date d'hier, du sieur Levé. — Avez-vous quelque objection à y faire?

R. — Non. Elle est très exacte.

D. — Dites à combien d'imprimeurs vous vous êtes adressé et quel a été le chiffre total des tirages?

R. — Le livre a été composé et imprimé par M. Planteau, qui a fait un premier tirage à 11,000 exemplaires.

Mais un nombre de demandes d'exemplaires excédant le chiffre de 11,000 m'étant, dès ce moment, parvenues, et M. Planteau ne pouvant pas suffire à la besogne, je m'adressai à M. Levé, qui, sur les clichés de Planteau, que je mis à sa disposition, fit un tirage à 22,000 exemplaires.

En même temps, M. Planteau, avec d'autres clichés qu'il possédait, faisait un deuxième tirage à 11,000.

Au total, on a donc tiré de *Mes Dossiers* 44,000 exemplaires.

Je désire indiquer ici ce que sont devenus ces 44,000 exemplaires.

Il en est sorti de mes magasins 16,500 pour vente à Paris, en province et à l'étranger. Il m'en reste en magasin environ 5,500. Le reste se trouve chez les imprimeurs ou les brocheurs.

Lecture faite, a signé.

Signé : SAVINE.
Signé : LASCOUX.
Signé : CROSNIER.

L'an mil huit cent quatre-vingt-neuf, le vingt-cinq janvier, devant nous, Lascoux, juge d'instruction au Tribunal de première instance du département de la Seine, assisté de Crosnier, commis-greffier assermenté, en notre cabinet, au Palais de Justice,

Sur invitation, a comparu le ci-après nommé, à l'interrogatoire duquel nous avons procédé ainsi qu'il suit :

Enquis des nom, prénoms, âge, date et lieu de naissance, profession, demeure, état-civil et de famille, l'inculpé Savine a répondu.

D. — A la date du 12 courant, vous avez demandé l'audition de l'imprimeur et député Planteau, assigné à trois reprises ; ce témoin ne s'est jamais présenté, mais, hier, il nous a fait remettre la lettre dont nous vons donnons lecture.

En ce qui concerne les manuscrits de *Mes Dossiers*, qui, d'après vous (ce n'est peut-être pas constaté dans la procédure, mais vous nous avez, croyons-nous, fait cette déclaration), avaient été conservés à l'imprimerie et qu'il pouvait être utile d'examiner pour savoir par quelles mains ils avaient été tracés, vous voyez ce que répond le sieur Planteau : Il ne les a pas. Il vous les a rendus ?

R. — En ce qui concerne le détenteur actuel des manuscrits sur lesquels le livre a été imprimé, vous avez fait erreur ; je n'ai jamais dit qu'ils fussent restés aux mains de Planteau. Il me les a rendus. Je les ai chez moi. Puisqu'on les croit utiles à l'instruction, je vous les déposerai en totalité. Sauf, pourtant, l'index et la table, c'est-à-dire ce qui a été imprimé de page 199 à page 215. Cette partie du manuscrit a été égarée ; du reste, elle était de ma main.

D. — Le 12 courant, vous déclariez que le premier des bons à tirer devait avoir été donné par vous le 15 novembre ; c'était, d'après Planteau, le 14 novembre?

R. — Je n'étais pas bien sûr de la date ; j'admets les dates des 14, 15 et 16 novembre indiquées par Planteau.

Mais je fais observer que son énumération des bons à tirer n'est pas complète. Il a omis le dernier des bons à tirer, celui qui est relatif à l'impression du chapitre intitulé : *Le Procès,* placé en tête du volume et avant les lettres cotées aux pages v à viii ; vous vous rappelez que ce chapitre fut ajouté après coup, ce qui explique qu'il ne figure même pas à la *Table des matières.* Eh bien, ce chapitre, qui me fut envoyé le 18 de Nîmes par Peyron et que je reçus le 19, fut aussitôt porté à l'imprimerie Planteau par mon employé Fauvé qui, à cette date du 19 (peut-être du 20, si le bon à tirer n'a été signé qu'après minuit), signa pour moi le dernier des bons à tirer.

D. — Nous aurions voulu demander aussi à Planteau s'il pouvait indiquer exactement la date à laquelle vous lui avez donné le texte de la lettre soi-disant écrite par Gilly à son éditeur, et qui figure aux pages LXXV à LXXVIII?

R. — Afin de vous fournir moi-même, autant que possible, ce renseigne-ment, j'ai fait revenir de Bruxelles la lettre originale dans laquelle Peyron me parle de cette lettre qui figure aux pages LXXV à LXXVIII. Désirant ne pas me dessaisir de l'original de Peyron, j'en ai fait une copie que je vous dépose.

Nous avons à l'instant comparé la copie déposée avec l'original. — Nous avons constaté que la copie est bien conforme à l'original.

SAVINE. — La lettre de Peyron est du 12 novembre, et j'y relève cette phrase : « Hier, vous avez dû recevoir celle de Thierry. » Thierry, c'était le pseudonyme dont Peyron se servait pour désigner *Gilly*. En écrivant : « Celle de Thierry », il voulait parler de la lettre signée : *Numa Gilly,* impri-mée pages LXXV à LXXVIII. Il m'écrit que j'ai dû la recevoir « hier », c'est-à-dire le 11 novembre.

D. — Vous nous disiez, le 12 janvier, que vous aviez dû recevoir cette lettre le 14, le 15 ou le 16 novembre?

R. — Je crois pouvoir affirmer que le pli contenant la lettre en question était *recommandé;* s'il est parti de Nîmes le 10 novembre et qu'il ait été présenté, 18, rue Drouot, le 11, *qui était un dimanche,* il n'a pas été laissé à cette date, parce que, vu le dimanche, mon magasin était fermé, et que je ne pouvais pas donner le reçu.

Le facteur, dans ce cas, s'est représenté le lendemain 12; mais ce jour-là, qui est la date de mon entrevue chez Caron avec Gilly et Chirac, je ne parus à mon magasin que vers la fin de l'après-midi; de sorte que le facteur, porteur du pli recommandé, était passé depuis longtemps et avait dû encore ajourner au lendemain la remise du pli. J'ai donc pu le recevoir le 13 au lieu du 14, 15 ou 16, comme je l'avais d'abord indiqué approximativement.

J'aurais pu aussi recevoir dès le 12 cette lettre, si elle m'a été adressée, non pas sous pli fermé et recommandé, mais comme papier d'affaires recom-mandé; car, dans ce dernier cas, la signature du reçu aurait pu être donnée par un de mes employés; mais en aucun cas le 11, puisque c'était un dimanche.

Au cas où la certification de ce point serait jugée indispensable, on l'aurait en consultant les carnets de la poste.

Lecture faite, a signé.

Signé : SAVINE.
Signé : LASCOUX.
Signé : CROSNIER.

L'an mil huit cent quatre-vingt-neuf, le vingt-six janvier,

Devant nous, Lascoux, juge d'instruction près le Tribunal de première instance du département de la Seine, assisté de Crosnier, commis-greffier assermenté, en notre cabinet, au Palais de Justice,

Est comparu le ci-après nommé, à l'interrogatoire duquel nous avons procédé ainsi qu'il suit :

Enquis de ses nom, prénoms, âge, date et lieu de naissance, profession, demeure, état-civil et de famille, l'inculpé a répondu : Savine, déjà interrogé.

Je vous fais le dépôt de tous les manuscrits qui ont servi à l'impression de *Mes Dossiers,* sauf les manuscrits de l'*index* et de la *table,* qui ont été égarés.

Ces divers manuscrits sont : les uns de la main de Peyron, les autres de la main du fils de mon coinculpé Chirac. Ce sont exclusivement des copies.

Je ne possède aucune des pièces sur lesquelles ont été tirées ces copies. Les documents originaux que j'ai eus entre les mains et qui m'avaient été envoyés de Nimes, je les ai remis à Chirac et je ne les ai pas revus. Chirac a dû rapporter tous les documents originaux à Nimes lorsqu'il y est allé pour le procès et les restituer soit à Peyron, soit à Gilly.

Lecture faite, a signé :

Signé : SAVINE.
Signé : LASCOUX.
Signé : CROSNIER.

L'an mil huit cent quatre-vingt-neuf, le vingt-six janvier, devant nous Lascoux, juge d'instruction au Tribunal de première instance du département de la Seine, assisté de Crosnier, commis-greffier assermenté, en notre cabinet, au Palais de Justice.

Sur convocation, a comparu le ci-après nommé, à l'interrogatoire duquel nous avons procédé ainsi qu'il suit :

Enquis des nom, prénoms, âge, date et lieu de naissance, profession, demeure, état civil et de famille, l'inculpé a répondu.

2

SAVINE. — Il me paraît nécessaire à ma défense de demander que mes assertions soient autant que possible contrôlées, c'est ce sentiment qui me porte à exprimer le désir que mes brocheurs soient entendus à titre de témoins, notamment sur le point suivant :

J'ai dit (voir mon interrogatoire du 12 décembre, à Bordeaux, 3e feuillet au verso) qu'il leur avait été donné ordre le 19 novembre au matin de suspendre le travail, aussitôt que le télégramme expédié le 18, un dimanche, de Nîmes, et signé Gilly-Chirac, fut arrivé à mon magasin.

Ils ont dû conserver souvenir de cet incident, puisque les livraisons qui devaient être faites le 19 avant midi n'ont pas eu lieu avant le 20 au soir, pour la mise en vente du 21, et puisque le résultat de cette attente a été l'adjonction au volume du cahier intitulé : *Le Procès*.

Voici les noms et adresses de mes brocheurs :

MM. Leroux et Huysmans, 11, rue de Sèvres.

M. Gaudet, 11, rue d'Odessa.

Et M. Frette d'Amicourt, 41, rue de Fleurus.

Je pense qu'il serait également de mon intérêt que vous interrogiez M. Camélinat, député. Il s'est présenté le 19 novembre au soir à mon magasin pour y acheter *Mes Dossiers* et il rapporterait ce que je lui déclarai alors, à savoir *que le volume n'avait pas paru et que de la copie nouvelle était arrivée dans la journée.*

A cette date, 19 novembre soir, je fis la même réponse à divers journalistes, entre autres à M. Daurriat, du *Matin.*

Vous voyez bien le but que je poursuis en demandant ces témoignages. Le sieur Gilly me reproche d'avoir publié le 21 novembre, malgré la défense, *formelle selon lui,* qu'il avait donné ordre de m'envoyer et qui, d'ailleurs, je le prétends texte en mains, me parvint seulement sous forme de *suspension provisoire.* Eh bien ! à l'aide des témoignages en question, j'espère établir comme quoi j'ai tenu compte exactement du télégramme « Gilly-Chirac », et que je n'ai publié le 21 que sur la foi de la lettre « Peyron-Chirac », annoncée d'ailleurs dans le télégramme « Gilly-Chirac », laquelle me couvrait absolument.

Tout ceci me paraîtrait utile, pour établir ma bonne foi, laquelle semble contestée par le sieur Gilly.

Il est d'ailleurs bien entendu (ainsi que je crois l'avoir indiqué dans mon premier interrogatoire à Bordeaux, le 12 décembre) que je ne cherche pas à renier la responsabilité que j'ai pu assumer comme éditeur, en demandant

à publier et en publiant *sur la foi du sieur Gilly* (voir ma lettre-traité du
22 octobre, dont j'ai déposé copie) le livre en question.

Lecture faite, a signé :

> Signé : SAVINE.
> Signé : LASCOUX.
> Signé : CROSNIER.

L'an mil huit cent quatre-vingt-neuf, le vingt-six janvier, devant nous,
Lascoux, juge d'instruction au Tribunal de première instance du département
de la Seine, assisté de Crosnier, commis-greffier assermenté, en notre cabinet,
au Palais de Justice ;

Sans convocation est comparu le ci-après nommé, à l'interrogatoire duquel
nous avons procédé ainsi qu'il suit :

Enquis des nom, prénoms, âge, date et lieu de naissance, profession,
demeure, état civil et de famille, l'inculpé Savine, déjà interrogé, a répondu :

*Après avoir eu connaissance de ce que nous a dit M. Xau, dont il avait
invoqué le témoignage.*

Il y a un autre journaliste qui sur le même point serait peut-être entendu
avec plus de fruit. C'est M. Le Roy, qui, dans un article publié dans le
Gaulois du 19 novembre dernier, a paru dire aussi que, encore le 18 novembre, Gilly parlait de son livre comme s'il allait être publié. Je désirerais
que M. Le Roy fût entendu comme témoin.

Lecture faite, a signé :

> Signé : SAVINE.
> Signé : LASCOUX.
> Signé : CROSNIER.

L'an mil huit cent quatre-vingt-neuf, le 28 janvier, devant nous Lascoux,
juge d'instruction au Tribunal de première instance du département de la
Seine, assisté de Crosnier, commis-greffier assermenté, en notre cabinet, au
Palais de Justice,

Sur mandat de comparution, a comparu le ci-après nommé, à l'interrogatoire duquel nous avons procédé ainsi qu'il suit :

Enquis des nom, prénoms, âge, date et lieu de naissance, profession,
demeure, état-civil et de famille, l'inculpé Savine a répondu :

Je juge utile pour les besoins de ma défense de vous déposer *la note* que
voici, note que je confirme après lecture. Elle contient l'exposé des sentiments qui m'ont guidé dans la publication de *Mes Dossiers*.

D. — Dans cette note, nous relevons cette phrase : « Je savais qu'il y avait
» dans la Commission du budget des gens intègres : Plusieurs de ceux-là ont
» intenté des poursuites, par cette raison même qu'étant intègres, ils tenaient
» à affirmer publiquement leur honorabilité. »

Quels sont les plaignants que vous entendez qualifier ainsi d'intègres?

R. — MM. Gerville-Réache, Compayré et Salis.

D. — D'où il suivrait que les autres plaignants...?

R. — Pour les autres, je n'ai pas à m'expliquer, attendu que, dans l'entrevue que nous eûmes chez Caron, le 12 novembre, Gilly, Chirac et moi, le
député du Gard déclara, *en ce qui concerne M. Raynal,* qu'il était en mesure
de faire la preuve et il a renouvelé ici en ma présence cette déclaration.

Et en ce qui concerne M. Baïhaut, si on veut bien se reporter à mon interrogatoire du 3 courant (dossier de Vesoul), on y verra que la lettre imprimée pages 90-91 de *Mes Dossiers* me fut donnée comme émanant d'une
personne de l'entourage intime de M. Baïhaut, appartenant même à sa famille,
et dès lors à même, selon moi, d'être bien renseignée.

J'ajoute, en ce qui concerne ces pages 90-91, qu'à Nimes, à l'audience du
17 novembre, l'avocat du député du Gard a fait usage des allégations formulées là contre M. Baïhaut, et qu'il en est même résulté un incident. (Inter-
vention de Mᵉ Rousseau.)

De même, je rappelle qu'à cette audience, M. Andrieux fit, de son côté,
une allusion formelle aux faits rapportés dans ce passage du livre.

Voilà pourquoi, en ce qui concerne les plaintes de MM. Raynal et Baïhaut,
je ne crois devoir conclure ni dans un sens, ni dans un autre.

D. — Dans la note que vous venez de déposer, nous relevons encore cette
phrase : « M. Gilly, qui a tant menti en ma présence et hors de ma pré-
» sence. »

Expliquez-vous au sujet de ces derniers mots?

R. — Je fais allusion à la lettre du 9 décembre dernier, adressée à
M. Laguerre, — à une autre lettre de Gilly, datée de Paris 23 décembre,
adressée, soi-disant au *Figaro,* qui ne l'a jamais reçue, mais que tous les
journaux ont publiée, — à certains passages de ses interrogatoires que vous
m'avez communiqués et enfin à certain passage d'une affiche placardée à
Nimes, sous la signature de M. Gilly, passage reproduit dans l'*Intransigeant*
du 21 janvier courant. .

L'affiche dit que M. Gilly a été frappé par l'autorité « pour avoir démasqué
» les agioteurs des deniers publics ». Or, la révocation de M. Gilly n'a été la
suite ni du discours d'Alais, ni du procès de Nimes ; elle a été la conséquence

de la publication de *Mes Dossiers* et des procès qui nous ont été intentés à propos de cette publication. M. Gilly n'a démasqué des agioteurs, c'est-à-dire donné leurs noms, que dans le volume *Mes Dossiers*.

Il y a donc ou aveu de paternité du livre ou mensonge dans les déclarations faites dans son affiche, qu'il a été frappé par le gouvernement pour son discours d'Alais ou le procès de Nîmes, qui n'étaient pas en cause.

Lecture faite, a signé.

Signé : SAVINE.
Signé : LASCOUX.
Signé : CROSNIER.

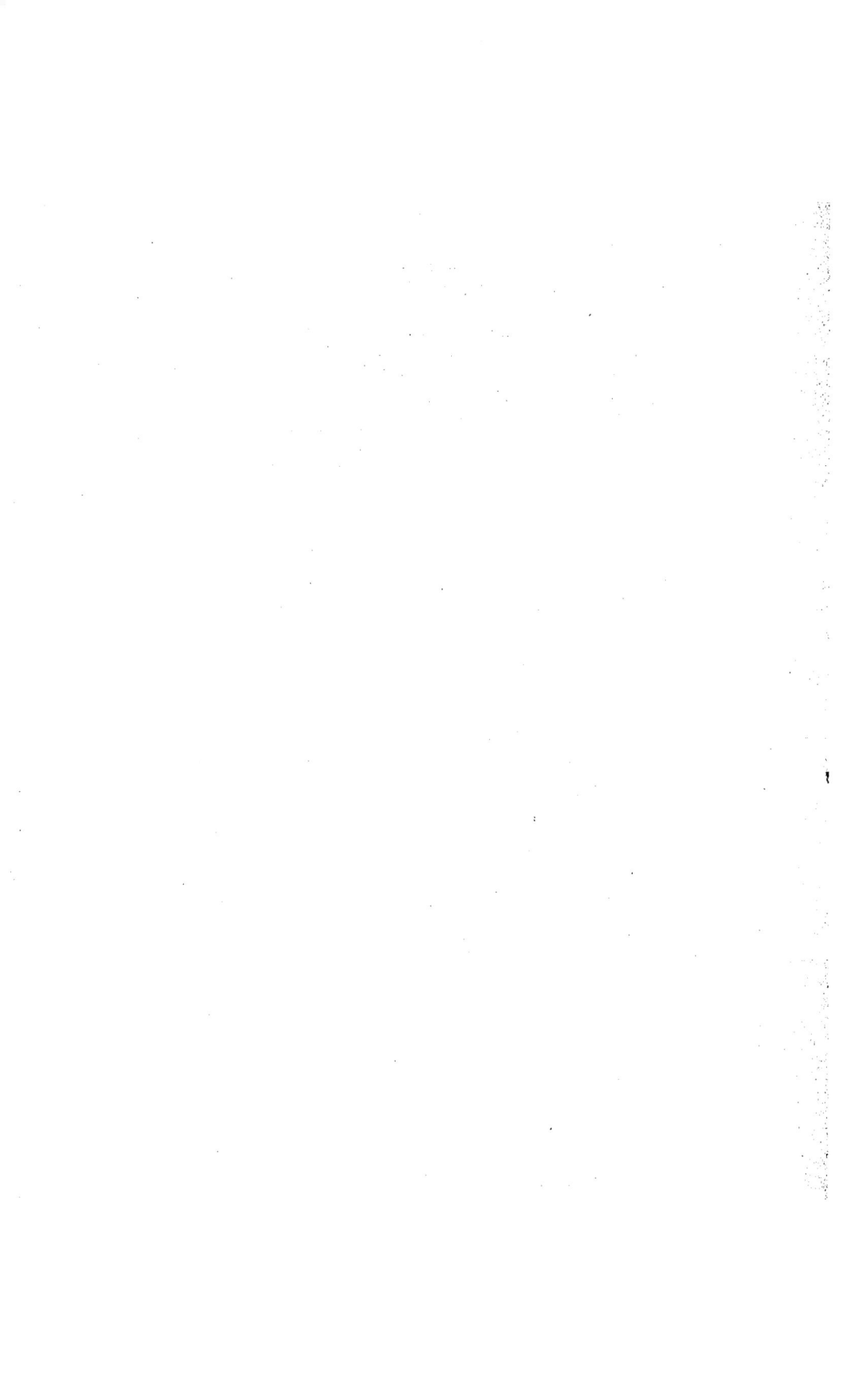

INTERROGATOIRE CHIRAC

Tribunal de première instance
du départemant de la Seine.

L'an mil huit cent quatre-vingt-huit, le vingt-un décembre, à deux heures après-midi, devant nous Lascoux, juge d'instruction du Tribunal de première instance du département de la Seine, en notre cabinet, au Palais de Justice, à Paris, et assisté de Crosnier, commis-greffier assermenté,

Est comparu le témoin ci-après nommé, auquel nous avons donné connaissance des faits sur lesquels il est appelé à déposer.

Appelé hors la présence d'inculpé, après avoir représenté la citation à lui donnée, prêté serment de dire la vérité, rien que la vérité, et enquis par nous de ses nom, prénoms, âge, profession et demeure, s'il est domestique, parent ou allié des parties, et à quel degré, le témoin nous a répondu et fait sa déposition ainsi qu'il suit :

Chirac (Auguste), cinquante ans, publiciste, demeurant à Paris, rue du Faubourg-Montmartre, n° 10.

D. — Vous étiez invité à vous présenter à notre cabinet aujourd'hui, pour y être interpellé sur vos rapports avec Gilly, Savine et autres au sujet de la publication du livre *Mes Dossiers*, mais il nous est impossible de procéder à cet acte d'instruction. En effet, à l'instant même le Parquet de la Seine nous communique le télégramme, en date d'aujourd'hui, du Parquet de Montpellier dont nous vous donnons lecture et d'où il résulte que votre présence est indispensable demain à Montpellier, et qu'il vous est enjoint de partir aujourd'hui même pour Montpellier.

Nous ne pouvons, dans ces circonstances, vous retenir davantage dans notre cabinet.

R. — Je me suis levé à grand'peine pour répondre à votre convocation. Je suis malade, j'aurais pu vous donner ici les explications pour lesquelles j'étais appelé, mais il me serait de toute impossibilité de monter en chemin de fer, et de faire cette nuit le long voyage de Paris à Montpellier. J'ai le regret de vous déclarer que je ne me rendrai pas à l'invitation de votre collègue de Montpellier . . . .

Mais je reste à votre disposition cette après-midi, si vous le désirez.

Lecture faite, persiste et signe.

Signé : CHIRAC.

Signé : LASCOUX.

Signé : CROSNIER.

L'an mil huit cent quatre-vingt-neuf, le vingt-trois janvier,

Devant nous, Lascoux, juge d'instruction au Tribunal de première instance du département de la Seine, assisté de Crosnier, commis-greffier assermenté, en notre cabinet, au Palais de Justice,

Sur mandat de comparution, a comparu le ci-après nommé, à l'interrogatoire duquel nous avons procédé ainsi qu'il suit :

Enquis de ses nom, prénoms, âge, date et lieu de naissance, profession, demeure, état-civil et de famille, l'inculpé répond :

Chirac (Auguste), profession homme de lettres, âgé de cinquante ans, demeurant rue du Faubourg-Montmartre, 10, né le 13 juillet 1838, à Marseille, arrondissement du dit département des Bouches-du-Rhône, fils de Joseph et de Louise Lamonta, ayant trois enfants, jamais condamné.

D. — Aux termes d'un réquisitoire du Parquet de Bordeaux, en date du 23 décembre dernier, vous êtes inculpé de complicité dans le délit de diffamation imputé au sieur Savine, ensuite de la plainte portée par les sieurs Raynal et Villette, à l'occasion du livre *Mes Dossiers*. On relève contre vous le double grief d'avoir procuré à l'auteur du délit les moyens de le commettre, sachant qu'il devait servir à ce but, et d'avoir aidé et assisté avec connaissance le même sieur Savine dans les faits qui ont préparé, facilité ou consommé le délit de diffamation.

R. — Je proteste contre une telle inculpation.

D. — Expliquez-nous comment vous êtes entré en relations avec les sieurs Savine, Gilly et Peyron (ces deux derniers poursuivis, comme vous, à titre de complices, à propos de la présente affaire).

Dites aussi à qui l'idée du volume *Mes Dossiers* est venue d'abord?

R. — Le sieur Savine a publié plusieurs ouvrages de moi; je le connaissais donc bien avant qu'il fût question de publier *Mes Dossiers*.

Le sieur Peyron est collaborateur comme moi à la *Revue socialiste*. Il a pris occasion de cette circonstance pour m'écrire de Nîmes, dès qu'on a commencé à parler des poursuites contre le député du Gard, à propos de l'incident d'Alais. Cet incident date du 3 septembre dernier. Dès le 14, Peyron m'écrivit pour me demander mon concours pour la future défense de Gilly, dont il s'était chargé.

Il me demandait, dans sa lettre, si je pourrais fournir des documents destinés à prouver la véracité des paroles prononcées à Alais contre les membres de la Commission du budget.

Je répondis que je n'en possédais pas; qu'il pouvait consulter mes ouvrages; mais que d'ailleurs, en pareilles matières, il ne pouvait exister de preuves écrites, parce que les intéressés se gardaient bien de laisser traîner des preuves de ce genre. Sur quoi Peyron m'écrivit que d'Alavène, qui était à Londres, envoyait à Gilly des lettres très pressantes, pour lui offrir des documents de ce genre, qu'il prétendait posséder, et qu'il se déclarait prêt à livrer à toute personne autorisée de Gilly qui viendrait les lui demander en Angleterre. Et Peyron m'engageait à être cette personne-là, ajoutant, dans sa lettre, que tous mes frais de déplacement me seraient payés; mais je refusai.

Un mois environ se passa et un beau jour Peyron arriva à Paris, et je le vis alors pour la première fois. Il était descendu à l'hôtel de France, cité Bergère, sous le nom d'Eugène FRANC. C'était en octobre.

D. — Précisons les dates; par le relevé des mentions du livre de l'hôtel de France, nous savons que Peyron (FRANC) est resté dans cet hôtel exactement du 21 au 26 octobre.

CHIRAC. — Bien; je dois dire ici qu'avant l'arrivée de Peyron à Paris, Savine m'avait parlé d'un projet qui lui était venu.

La publication d'un volume relatif au procès qui devait être intenté à Gilly à Nîmes. Ce livre, selon Savine, aurait contenu les documents sur lesquels les témoins cités à la requête du député du Gard auraient été appelés à déposer. Donc, l'idée du volume est venue tout d'abord à Savine, et déjà il en avait été question avant l'arrivée de Peyron à Paris.

Quant à Gilly, je l'ai vu pour la première fois à Paris, en novembre, peu avant son procès de Nîmes.

D. — Précisons encore. Le livre de police de l'hôtel de France, où Gilly était également descendu et où il se faisait alors appeler, tout comme Peyron, Eugène FRANC, constate que le député du Gard resta alors dans cet hôtel du 4 au 14 novembre.

CHIRAC. — Ce doit être cela, et le procès de Nîmes eut lieu le 17 novembre.

3

D. — Parlez maintenant de ce qui se passa à Paris, du 21 au 26 octobre, entre Peyron, Savine et vous, et du voyage que vous fîtes avec Peyron à Londres, après le 26 octobre.

R. — En vue du livre projeté que Savine avait rédigé sous forme de lettre adressée à Gilly, un projet de traité spécifiait notamment les arrangements pécuniaires entre l'éditeur et le député.

D. — Cette lettre est datée *de Paris, 22 octobre*, et Savine nous en a déposé une copie qu'il certifie exacte. Nous vous la lisons.

R. — C'est cela; Savine me donna d'abord cette lettre toute ouverte, afin que je la fisse, après lecture faite, parvenir par la poste au destinataire. Mais, notamment, il me montra quelques lignes signées de Gilly, l'accréditant auprès de d'Alavène, à Londres. Sur ces entrefaites, Peyron était arrivé à Paris, se déclarant le mandataire de Gilly et en fournissant la preuve, et alors je pensai que le plus simple était de lui confier la lettre de Savine. Il l'accepta, se chargeant formellement de la faire parvenir à son client, et donnant l'assurance que celui-ci ratifierait tous les arrangements proposés par Savine. Toutefois, il déclarait nettement que Gilly n'accepterait pas de bénéficier sur ce livre et qu'il ne voudrait jamais faire quoi que ce soit ressemblant à une spéculation, bien que les profits du livre dussent être employés au paiement des frais du procès. Dès ce moment, il fut donc bien décidé que le livre dont Savine avait eu l'idée paraîtrait; Peyron me donnait l'assurance formelle que Gilly accepterait la publication, qu'il y mettrait son nom, mais il était entendu aussi que la coordination des documents correspondrait exactement à la liste des témoins assignés à la requête de Gilly.

Peyron expliquait que Gilly avait reçu nombre de lettres et matériaux intéressants pour le livre, et il me reparla encore de d'Alavène.

D'accord avec Gilly, Peyron avait décidé le voyage à Londres, et sur son instance, j'acceptai de l'accompagner pour l'aider dans ses négociations avec d'Alavène. Mais la question pécuniaire se posait. Je n'avais pas d'argent pour faire le voyage, et Peyron en avait peu. En outre, je lui représentai que, contrairement à sa supposition, d'Alavène ne livrerait rien gratis. Il fut donc décidé que nous demanderions à Savine s'il ne consentirait pas à faire quelques avances sur les produits futurs du livre.

Une entrevue eut lieu entre nous trois le lendemain 23 octobre.

Peyron qui tenait de moi, comme je l'ai dit, le projet de traité rédigé par Savine, déclara que sauf une réserve relative à la combinaison sur les droits d'auteur, il acceptait formellement pour son client, toutes les conditions stipulées, Savine serait l'éditeur; ce livre paraîtrait sous le nom de Gilly avec l'un des titrés proposés; il y aurait une préface de moi et deux lettres soi-disant échangées entre Savine et Gilly pour régler la manière dont seraient utilisées les sommes provenant des droits d'auteur.

Au sujet de ces deux lettres, voir les explications spéciales de Chirac et sa confrontation avec Savine (18 janvier, dossier de Vesoul, dont copie est annexée à la suite du présent interrogatoire). Le livre contiendrait les pièces qui devaient être produites aux assises de Nîmes, etc., etc.

Ceci posé, Peyron ayant de nouveau déclaré qu'il était le mandataire autorisé de Gilly, *lequel ratifierait tout,* on parla du voyage à Londres et du manque d'argent pour le faire, et il fut demandé à Savine s'il ne pourrait pas avancer de suite une somme sur les droits d'auteur. J'insistai, me portant garant de l'honnêteté de Peyron et de Gilly, d'après tous les renseignements qui m'étaient venus, et Savine déclara qu'il ouvrait dès à présent et jusqu'à concurrence de 5,000 fr., un crédit à Peyron mandataire de Gilly.

De suite Savine me compta 300 fr. pour nous aider dans notre voyage, et promit qu'il nous enverrait d'autre argent à Londres, si nous en avions besoin pour payer des documents à d'Alavène.

Nous partîmes dès le 26 octobre Peyron et moi, nous restâmes à Londres cinq ou six jours. D'Alavène refusa, comme je l'avais prévu, de livrer gratis ses papiers. Il fallut les lui payer 500 fr. comptant; et par-dessus le marché, faire même quelques cadeaux à sa femme et à sa fille.

C'est vous dire qu'une nouvelle avance dut être demandée à Savine, lequel nous envoya 1,100 fr. Mais comme d'Alavène avait été mis au courant par nous du projet de livre, comme il savait que Savine l'éditerait et que les documents emportés par nous de Londres seraient insérés dans le volume, notre homme exigea à son tour des droits d'auteur.

Ils furent fixés à 25 centimes par exemplaire, et ces 25 centimes devaient venir en déduction des droits d'auteur stipulés par Savine au profit de Gilly. Nous dûmes subir cette condition *sine qua non;* elle fut du reste ratifiée plus tard, non seulement par Savine qui écrivit là-dessus à d'Alavène, mais par Gilly, ainsi que je l'expliquerai.

Dès notre retour à Paris, nous nous séparâmes Peyron et moi. Peyron alla de suite à Nîmes, emportant tous les documents achetés à d'Alavène.

Il devait les étudier à Nîmes, et de là nous expédier à Savine et à moi, en originaux ou en copie, toutes les pièces à imprimer dans le livre.

D. — Passez à vos rapports personnels avec Gilly en novembre. Nous vous rappelons que d'après les livres de l'hôtel de France, Gilly a logé dans cet hôtel sous le nom de FRANC, du 4 au 14 novembre. Racontez tout ce qui

s'est passé à Paris dans cette période de temps au sujet de *Mes Dossiers?*
Gilly a-t-il ratifié alors le traité du 22 octobre rédigé par Savine et les
conventions avec d'Alavène ?

Expliquez-vous aussi sur ce qui fut décidé, relativement au payement des
droits d'auteur.

R. — Aussitôt son arrivée à Nîmes, Peyron m'annonçait que Gilly allait
venir à Paris, qu'il verrait le député du Gard qui approuvait tout ce que
nous avions fait.

Voici les termes mêmes de Peyron. « Je n'entends pas me dessaisir de
l'écrit original, » mais je vous le représente, les lignes sont tracées sur une
carte de visite portant le nom de FRANC (pseudonyme de Peyron). Je garantis
que ces lignes, non signées et non datées, sont de la main de Peyron et
écrites de Nîmes le 2 novembre. Voici du reste également l'enveloppe
timbrée de la poste à Nîmes, 29 novembre 1888, dans laquelle la carte en
question m'est parvenue.

Ici nous donnons comme suit le texte du billet qui y est représenté :
« Cher ami, Thierry va aller à Paris passer quelques jours ; je lui ai donné
votre adresse, 10, faubourg Montmartre ; il vous verra : il est d'avis que
l'ouvrage paraisse en cas de non-lieu ou d'ordonnance de renvoi.

» Il approuve pleinement ce que nous avons fait. Il est toujours résolu et
admirablement modeste. »

Chirac. — « Thierry » veut dire « Gilly » ; c'était convenu entre Peyron et
moi.

Peyron, Gilly et Savine, redoutant que la police les surveillât et qu'au
besoin elle ouvrît leur correspondance, prenaient alors des pseudonymes.

J'aurai occasion, par la suite, de vous le montrer encore.

Le même sentiment de défiance a motivé l'inscription de Gilly sous le
nom de FRANC à l'hôtel de France du 4 au 14 novembre.

Quoi qu'il en soit, je vis de suite Gilly et nous eûmes plusieurs confé-
rences ; il me parut absolument au courant de tout ce qu'on avait déjà préparé en vue du livre.

Au cours de nos conversations, il fut question du livre que devait éditer
Savine, du traité du 22 octobre, des arrangements subséquents avec d'Alavène, d'où résultait pour celui-ci une cession de partie des droits d'auteur
attribués au député du Gard, des avances déjà payées par Savine sur les
droits d'auteur de Gilly.

Bref, ainsi que Peyron me l'avait écrit dans son billet du 2 novembre, il était
hors de doute que Gilly « approuvait pleinement ce que nous avions fait »
avant que je le visse.

Cependant il était naturel que Gilly entrât personnellement en relations avec Savine; un rendez-vous fut pris chez un sieur Caron, ami de Gilly, 13, rue Mazagran, et nous nous vîmes là le 12 novembre tous trois, Savine, Gilly et moi.

Dans cette entrevue, une ratification générale et formelle de tout ce qui avait été fait jusque-là au sujet du livre fut donnée par le député du Gard à Savine.

Je puis assurer : 1° que Savine communiqua à Gilly sa lettre-traité du 22 octobre (que Peyron lui avait retournée), et que Gilly jeta les yeux dessus, en disant qu'il la connaissait et que c'était bien; 2° que Savine rappela la cession des droits d'auteur consentis à d'Alavène, et que Gilly dit encore qu'il était au courant et qu'il approuvait; 3° qu'il fut parlé également des lettres *signées* SAVINE *et* GILLY qui ont été imprimées dans *Mes Dossiers,* pages v à viii, lettres dont le texte avait déjà été rédigé et envoyé par moi à Peyron, et que Gilly déclara encore que tout cela était parfait; 4° que Gilly me remit alors en copie les documents qui ont paru dans le volume sous le titre de : *Affaire de la forêt de Bellezma* (pages 125 à 131).

J'atteste que Gilly prononça alors les paroles suivantes que j'ai fidèlement retenues : « Je ratifie tout ce qu'ont fait MM. Peyron et Chirac, et tout ce que fera M. Chirac. » Il parlait ainsi à Savine, ajoutant toujours, car il revenait sans cesse là-dessus : « *Mais surtout qu'on n'aille pas supposer qu'avec ce livre j'ai voulu faire une affaire.* »

Sur cette question des droits d'auteur et des paiements faits par Savine, je ne saurais rien ajouter à ce que vous a dit l'éditeur dans le passage que vous me lisez de son interrogatoire du 3 courant (fin du 2° feuillet et commencement du 3°).

D. — Nous arrivons maintenant aux incidents qui se sont produits à Nîmes après le procès du 17 novembre.

Expliquez-vous sur la dépêche envoyée à Savine, *signée :* GILLY-CHIRAC, sur celle que vous lui avez expédiée vous-même par l'intermédiaire de son beau-frère, M. Rispaud, et sur la lettre écrite et signée moitié par Peyron, moitié par vous, à la suite de laquelle le livre a été publié.

Nous vous donnons connaissance de ces documents et nous vous indiquons d'autre part le système d'après lequel Gilly repousse, à dater du 18 novembre, toute responsabilité de la publication.

R. — Le 14 novembre, je partis pour Nîmes avec Gilly, j'étais d'ailleurs cité comme témoin; je suis resté à Nîmes jusqu'au 19, j'étais de retour à Paris le 20.

Je me rappelle bien que le 17, après le verdict ou peut-être avant, je ne sais plus au juste, je dis à Gilly que le livre allait paraître selon les conventions avec Savine.

Il avait été stipulé que le livre paraîtrait le second jour des débats, qu'on supposait devoir se prolonger une semaine environ, il était donc imprimé aux trois quarts. Je ne me rappelle pas qu'à ce moment il ait été question entre nous de ce qui pouvait concerner Andrieux dans le livre. Ce que j'affirme, par exemple, c'est qu'à cette date du 17 novembre, Gilly ne me fit aucune objection quelconque contre l'apparition du livre. Le lendemain seulement 18, les hésitations commencèrent de sa part. Pourquoi? Non pas parce que le livre ne lui plaisait pas d'une manière générale, mais parce qu'en raison de l'attitude d'Andrieux à l'audience, Gilly désirait qu'on atténuât dans le livre tout ce qui attaquait le député du Var.

Le télégramme GILLY-CHIRAC, écrit, me dites-vous, de la main même de Peyron, a été envoyé sans qu'on m'en eût prévenu et lorsque, dans l'après-midi du 18, Peyron m'en parla, il eut soin de me cacher qu'il avait rédigé lui-même le texte et se borna à m'apprendre que Gilly avait envoyé ou fait envoyer à Savine une dépêche pour interdire la publication et que j'étais désigné comme l'un des expéditeurs de cette dépêche.

Cette nouvelle m'exaspéra et je déclarai à Peyron que j'allais envoyer à Savine un télégramme pour désavouer toute participation à la défense expédiée avec mon nom. Je dis en outre à Peyron qu'on ne devait pas se conduire comme ça, que Savine avait fait des avances d'argent, qu'il avait aventuré des frais pour l'édition, que si l'éditeur s'était mis ainsi à découvert, c'était à cause de moi et en raison du bien que je lui avais dit de lui Peyron et de Gilly; que tout ceci me créait une situation inacceptable vis-à-vis de l'homme qui publiait mes ouvrages etc., etc..... et que si on voulait absolument persévérer dans la défense de publication, il fallait rembourser de suite à Savine ses avances et l'indemniser de ses frais.

Ces raisonnements parurent toucher Peyron qui m'empêcha de télégraphier de suite à Savine, comme j'en avais l'intention, et il fut convenu que Peyron trouverait, avant, le soin d'arranger les choses.

Cependant, les témoins du procès se présentaient pour réclamer la taxe, s'élevant chacune à environ 200 francs. Ni Gilly ni Peyron n'avaient d'argent pour payer : Gilly était très préoccupé dans cette journée du 18. Il ne me souffla pas mot du télégramme GILLY-CHIRAC du matin, et loin de me déclarer que sa volonté était que le livre ne parût pas, il se bornait à regretter les passages agressifs concernant Andrieux, et à me demander si, à mon avis, le volume ferait de l'argent, et si Savine consentirait encore à de nouvelles avances, qui étaient bien nécessaires pour le payement.

Après cela je revis Peyron et il fut résolu que le soir même nous écririons à Savine pour désavouer la défense télégraphique du matin.

Aussitôt j'expédiai à Rispaud (pour Savine) le télégramme suivant : « *Nîmes, 18 novembre, 5 h. 30 soir.* — Tranquillisez-vous, lettre en route. Incident grave dicté dépêche précédente, je pars demain matin. — AUGUSTE. »

Puis la lettre convenue fut écrite par Peyron et par moi, elle autorisait la publication sous la réserve de l'adjonction du correctif relatif à Andrieux (qui, en effet, a été imprimé en tête du volume).

Lorsque cette lettre fut écrite, il me parut de toute certitude que Peyron, qui avait revu Gilly après moi, était autorisé par le député du Gard à laisser publier sous la réserve du correctif Andrieux.

D. — Nous vous lisons les dernières lignes du deuxième interrogatoire subi le 19 courant à Nîmes par Peyron, d'où il résulte que cet avocat reconnaît *que son contre-ordre,* c'est-à-dire la lettre PEYRON-CHIRAC écrite à Savine le 18 novembre pour désavouer le télégramme GILLY-CHIRAC, n'avait pas été approuvé par Gilly et qu'il l'a pris sur lui pour procurer à son client la seule source de recette imprévue, à savoir le revenu des droits d'auteur.

S'il en a été ainsi, si nous comprenons bien ce que Peyron a voulu dire dans ce passage, n'est-il pas démontré que Gilly s'en est tenu à la défense télégraphique qu'il avait donné ordre d'expédier le 18 au matin et que la publication faite par suite de la lettre Peyron-Chirac (dictée par vous-même) retombe, pour ce qui est des responsabilités, sur Peyron et sur vous (sans parler en ce moment de la responsabilité spéciale à Savine).

R. — Je comprends comme vous le sens à donner à la réponse de Peyron; mais j'entends dégager ma responsabilité.

J'ai cru que Peyron s'était mis d'accord avec Gilly, et c'est là-dessus que j'ai télégraphié à Rispaud, et qu'ensuite j'ai dicté le texte de la lettre après que Peyron m'en eut nettement indiqué le sens. Mais je suis on ne peut plus surpris de voir cet aveu d'après lequel *Peyron a pris sur lui de faire paraître le livre.*

Je ne serais pas étonné si, par un sentiment généreux à l'égard de Gilly, Peyron s'était, à la dernière heure, déclaré responsable alors qu'en réalité Gilly devrait partager cette responsabilité. Si je me suis bien fait comprendre, voici la situation : Peyron ne m'a pas dit en propres termes : *Gilly n'insiste plus sur la défense de ce matin;* mais, d'après le sens général de

ses paroles, je compris *que Gilly n'insistait plus sur sa défense télégra-*
phique.

Je répète que toute cette journée du 18 novembre, Gilly, en causant avec
moi, me parla du livre comme s'il devait paraître et qu'il était uniquement
préoccupé des passages agressifs sur Andrieux, et de la question pécuniaire
qu'il fallait régler au plus vite et qu'entre nous, il ne fut pas dit un mot de
la défense télégraphique de publication, signée : GILLY-CHIRAC.

D. — Gilly ne conteste pas qu'il s'était d'abord prêté à la publication du
livre à paraître sous son nom. Mais il soutient que d'après les conventions
arrêtées verbalement entre Savine, vous et lui, dans l'entrevue du 12 novembre chez Caron, rien ne devait paraître sans qu'il eût vu les épreuves de
l'ouvrage. A l'entendre, s'il a tout répudié dès le 18 novembre au matin, ce
n'est pas seulement à cause des passages agressifs contre le député Andrieux,
c'est à cause de la non-exécution des conventions en ce qui concernait les
épreuves?

R. — Jamais de telles conventions n'ont eu lieu, Gilly ne soutiendra pas
cela devant moi.

Il s'en était pleinement rapporté à tout ce que nous faisions et ne s'était
réservé aucun contrôle.

D. — Gilly a-t-il eu connaissance exacte de tous les documents qui compo-
sent le livre *Mes Dossiers?* Il prétend que ce livre, dont le caractère agressif
ne saurait être mis en doute, devait être inoffensif?

R. — Il savait très bien au contraire que ce devait être un livre agressif.
Gilly a lui-même fourni une partie des documents. Les avait-il lus? Je n'en
sais rien. A-t-il, avant l'impression, connu les documents fournis par d'Alavène?
Je ne saurais le dire non plus, mais encore une fois il a toujours dit : « Je
m'en rapporte à Peyron pour la composition du volume. »

D. — Gilly prétend que Peyron s'était chargé d'avance de payer de sa
poche tous les frais du procès de Nîmes. Si on lui objecte qu'après le procès
une somme de 3,000 francs, envoyée par Savine à titre de droits d'auteur à
Peyron, a servi au payement des taxes des témoins qui étaient à sa charge,
à lui Gilly, sa réponse est : « Depuis ma défense télégraphique du 18 novem-
» bre, je n'avais plus rien de commun avec le livre ; si Peyron a reçu les
» 3,000 francs à titre de droits d'auteur, c'est affaire à lui ; s'il les a employés
» au payement des taxes de mes témoins, c'est qu'il s'était engagé depuis
» longtemps à payer tous les frais du procès. »

Que pensez-vous de tout cela?

R. — J'ignore absolument si Peyron s'était engagé à payer de sa poche les frais, mais je vous répète que toute la journée du 18 novembre, Gilly m'a parlé comme un homme qui entend que le livre paraisse et qui compte toujours sur les profits de la publication. A toutes fins utiles, je vous dépose les copies, certifiées par moi (dont je vous représente à l'instant les originaux), de trois lettres que j'ai reçues :

1° Lettre datée de Nîmes, 10 novembre soir, à moi adressée par Peyron signant EUGÈNE. Dans cette lettre Savine est désigné sous le nom de LOUIS, Gilly, sous le nom de THIERRY et d'Alavène, sous le nom de JULIEN D'ALGÉRIE.

2° Lettre datée de Nîmes, 26 novembre 1888, à moi adressée par Mᴵˡᵉ Gilly, fille du député.

3° Lettre datée de Nîmes, 1ᵉʳ décembre 1888, signée : Numa Gilly, à moi adressée par le député du Gard (¹). Ces deux dernières lettres démontrent ce me semble, que Gilly, avant sa lettre à Laguerre du 9 décembre, dans laquelle il désavoue publiquement *Mes Dossiers,* ne songeait pas à un tel désaveu.

Le 26 novembre, sa fille qui lui sert de secrétaire, m'écrivit pour protester contre la réclame relative à la *Fin d'un Monde.* Mais pas un mot pour désavouer le livre.

Le 1ᵉʳ décembre, neuf jours seulement avant la lettre à Laguerre, Gilly lui-même m'écrivit très amicalement et dans sa lettre qui se termine par des politesses pour Savine, il n'est traité que de la manière, pour se défendre contre les poursuites motivées par le livre. Gilly se solidarise avec Savine pour la défense commune. Est-ce là le langage d'un homme qui, depuis le 18 novembre (à ce qu'il prétend maintenant) n'a plus rien de commun avec la publication?

La vérité est qu'entre le 1ᵉʳ et le 9 décembre, Gilly est venu de Nîmes à Paris...

D. — Il est arrivé le 7 décembre, d'après le registre de l'hôtel de France.

CHIRAC. — ...et qu'à Paris il a reçu des conseils qui lui ont fait faire volte-face. Alors seulement il a parlé de désaveu, c'est-à-dire déclaré tout le contraire de ce qu'il avait déclaré jusqu'alors.

D. — Nous arrivons enfin au passage du livre spécialement visé comme diffamation par les plaignants Villette et Raynal.

Nous vous donnons connaissance de quatre passages incriminés.

Dites-nous d'abord si les documents visés comme diffamations ont été fournis par d'Alavène?

(¹) Voir page 31.

R. — Non, ils ne viennent pas d'Alavène ; ce sont des extraits de lettre adressés directement à Gilly.

D. — Expliquez-vous sur la complicité qui vous est reprochée.

R. — Mais je ne comprends pas qu'on me mêle à cette affaire. Je n'y suis pour rien, ce n'est pas moi qui ai fourni ces lettres et je n'ai tiré aucun profit pécuniaire du livre.

D. — Sur la question pécuniaire vous avez reçu 300 fr. avant le voyage de Londres et à Londres vous avez eu sur les 1,100 fr. envoyés par Savine une certaine somme encore.

R. — Tout cela représentait uniquement mes frais de voyage aller, séjour, retour. Je n'ai pas mis un centime dans ma poche; je vous dépose une note sur laquelle j'ai relevé l'emploi exact des 1,400 fr.; 300 fr. plus 1,100 fr. fournis par Savine avant et pendant ce voyage. Il n'est pas entré dans ma poche la moindre somme à titre de coopération au livre.

D. — Pouvez-vous nier avoir aidé Savine pour la publication après la lettre dont nous vous donnons lecture, en date du 18 novembre 1888, écrite à Peyron et déposée par celui-ci, dans laquelle vous précisez vous-même les divers travaux que le livre *Mes Dossiers* vous occasionnent.

Rédaction de lettres pages v à vi, Votre préface, Coordination des documents : « Mettez-moi en mesure immédiatement de composer la partie documentaire ».

R. — Est-ce qu'on poursuit ma préface? Est-ce qu'on poursuit pour les lettres Gilly, Savine des pages v à viii? Pour le surplus du livre, je ne saurais nier que j'ai mis en ordre des documents que j'ai fait copier par mon fils, et que j'ai remis les manuscrits à Savine pour l'impression ; mais ce n'est pas là l'œuvre d'un collaborateur responsable. C'est en quelque sorte une œuvre d'employé, et, je le répète, une œuvre d'employé qui n'a pas été payé et qui ne devait pas l'être. Par conséquent, à mon point de vue, l'inculpation de complicité à mon égard n'est pas juste.

D. — Pour le cas où vos explications ne seraient pas admises, entendriez-vous fournir des documents ou produire des témoignages dans le but de justifier les allégations diffamatoires dont se plaignent MM. Raynal et Villette.

R. — Je n'ai ni documents ni témoins à fournir; le plaignant Villette m'est inconnu.

En ce qui touche M. Raynal, je pourrais en dire long sur les Conventions; pour moi, c'est un crime que d'avoir poussé à ce qu'on les votât. A la Cour d'assises je pourrai m'expliquer à cet égard.

Quant au fait spécial exposé dans la lettre page 154 : « Condescendance due à l'oubli de quelques billets de banque, etc. », je ne sais pas ce qui en est.

Lecture faite à l'inculpé de ce qui précède, il a reconnu que le procès-verbal était exact ; mais il a refusé de signer, déclarant que son abstention devait être considérée comme une manière de protester contre la qualification d'inculpé qui lui est donnée dans cette affaire.

Signé : LASCOUX.

Signé : CROSNIER.

L'an mil huit cent quatre-vingt-neuf, le vingt-neuf janvier,

Devant nous, Lascoux, juge d'instruction au Tribunal de première instance du département de la Seine, assisté de Crosnier, commis-greffier assermenté, en notre cabinet, au Palais de Justice,

Sur convocation, a comparu le ci-après nommé, à l'interrogatoire duquel nous avons procédé ainsi qu'il suit :

Enquis de ses nom, prénoms, profession, âge et lieu de naissance, demeure, état-civil et de famille, l'inculpé a répondu : Chirac, déjà interrogé.

D. — Dans votre interrogatoire du 18 courant *(Dossier de Vesoul, plainte Baihaut)*, vous disiez : « Quand je serai mis en présence de Gilly et que » nous discuterons l'ensemble de toute l'affaire, j'établirai par documents, » émanants du député du Gard lui-même, comme quoi celui-ci a pleinement » approuvé, *depuis le commencement des négociations en vue du livre jus-* » *qu'au 9 décembre, date de la lettre de désaveu à M. Laguerre,* tout, abso- » lument tout ce qui a été fait, soit par Peyron, soit par Savine, soit par » moi-même, au sujet de ce livre. »

Dans votre interrogatoire du 23 courant (présent dossier de Bordeaux), vous avez soutenu les mêmes affirmations, déclarant (7e feuillet au verso) qu'à Paris, seulement dans les premiers jours de décembre, il a fait volte-face et qu'alors seulement il a parlé de désaveu, c'est-à-dire déclaré tout le contraire de ce qu'il avait déclaré jusqu'alors.

Cependant, vos affirmations semblent détruites par les déclarations, très nettes cette fois, que M. Peyron a faites récemment à Nîmes, et dont les procès-verbaux nous sont parvenus depuis trois jours seulement.

Nous vous les faisons connaître. (Confrontation du 24 janvier, entre Peyron et Martin, entre Gilly et Peyron, entre Allemand et Peyron.)

C'est très catégorique. Peyron reconnaît qu'il a transgressé les ordres de Gilly ; que celui-ci avait entendu formellement que la dépêche du 18 novembre (Gilly-Chirac) fût sans ambiguïté, et que lui Peyron a, de son autorité privée, mais sur votre insistance (c'est vous qui avez dicté la lettre Peyron-Chirac, du 18 novembre), envoyé contre-ordre à Savine, etc., etc.

En un mot, Peyron reconnaît que, depuis le 18 novembre au matin, Gilly ne voulait plus de la publication.

C'est tout le contraire de ce que vous soutenez, vous, en prétendant que c'est depuis les premiers jours de décembre seulement que Gilly a songé à désavouer le livre.

R. — Je maintiens tout ce que je vous ai dit le 18 et le 23 courant; je le maintiens malgré les affirmations contraires qu'il plaît à Peyron de formuler.

J'ai déclaré à propos d'un interrogatoire subi par Peyron à Nîmes, le 19 courant, que j'étais on ne peut plus surpris de l'aveu d'après lequel cet avocat déclarait avoir pris sur lui de faire paraître le livre et je parlais du sentiment généreux qui, selon moi, avait pu inspirer à Peyron une telle réponse. Aujourd'hui, après que Peyron a parlé plus nettement encore, mon étonnement subsiste et j'en reviens toujours à la même idée, Peyron obéit à un sentiment chevaleresque, en cherchant, par des affirmations contraires à la vérité, à mettre Gilly hors de cause.

Je maintiens donc tout ce que j'ai déclaré, à savoir : que jamais Gilly, avant le 9 décembre, n'a varié, que jusque là il aurait toujours entendu que le livre parût.

Au surplus, je demande à être mis en présence du député du Gard. C'est nécessaire.

Je suis sûr que devant moi il ne tiendra pas le langage que vous rapportez.

A la date du 10 décembre, au lendemain de sa lettre à Laguerre, je lui ai écrit une lettre de sottises qui était bien justifiée, dans laquelle je lui disais *que sa lettre à Laguerre était, en plusieurs endroits, contraire à la vérité.* Je n'ai donc jamais varié d'opinion, et avant de tenir ici, le 18 et le 23 courant, le langage que vous savez, j'avais écrit à Gilly dans le même sens. Maintenant et avant la revendication formelle de responsabilité faite par Peyron, je n'ai d'autre intérêt, par les présentes déclarations, que de rendre hommage à la vérité.

En ce qui concerne l'entretien à l'hôtel de France à Paris et des paroles que j'y ai prononcées, sur le sens desquelles on épilogue aujourd'hui, je ne suis pas embarrassé pour m'expliquer. Il y a quelque chose de vrai dans ce que rapportent Gilly et Martin, mais tout cela demande à être redressé, rectifié, complété, commenté.

Gilly, malade, récriminait contre Peyron, surtout contre la façon dont il l'avait mis dans le cas de payer les témoins.

Peu à peu, il se plaignait que Peyron eût *tout fait sans rien dire.*

La discussion durait surtout autour de ce fait *que Savine aurait pu garantir les frais.*

Entre-temps Martin me demanda une adresse dans l'intérêt de Gilly. Puis il me prit à part, en me recommandant de n'en rien dire à Gilly, m'expliqua que c'était pour arranger l'affaire correctionnelle (plainte de Mme Allemand) qu'il me demandait cette adresse et qu'il espérait arriver à cet arrangement.

Après son départ, la conversation reprit avec Gilly, ses soupçons contre Peyron paraissaient grandir; il me montra même une lettre de Peyron dans laquelle celui-ci recommandait de ne pas me voir. Cette lettre avait été écrite dans la première dizaine de novembre. Je dis à Gilly que j'avais reçu la pareille, et, frappé sur le moment, j'ajoutai :

« On vous fait des cachoteries inutiles. Martin vient de me recommander » de ne pas vous dire les combinaisons sur la plainte de Mme Allemand; je » vous le dis, et si, autour de vous, tout s'est toujours passé comme cela se » passe maintenant, je croirai que vous ne saviez rien de ce qu'il y aurait » dans le volume. » Mais de là à avoir dit ou voulu dire que Gilly avait désavoué le livre depuis le 18 novembre, et que depuis cette date tout avait été fait en dehors de lui et qu'on l'avait trompé, il y a un abîme. Je rappelle d'ailleurs les termes et le sens d'une lettre du 1er décembre, dont j'ai déposé copie (le 23 courant), à moi écrite de Nîmes par Gilly. Dans cette lettre, le député du Gard n'a pas un mot pour désavouer le livre, et loin de le désavouer il parle de sa défense future, qui lui paraît devoir être confondue avec celle de son éditeur, auquel il me prie de communiquer ce qu'il m'écrit et de lui faire ses amitiés.

Lecture faite, a refusé de signer. Signé : LASCOUX.

Signé : CROSNIER.

Pièces déposées par Chirac à la suite de l'interrogatoire du 23 janvier.

Nîmes, samedi 10 novembre 1888 soir.

CHER AMI,

Étant seul à la tâche et devant veiller à tous les grains, ne vous formalisez pas si je ne vous ai pas répondu.

Je vous confirme mon envoi à Louis (¹) d'hier au soir et à vous de ce matin.

_____

(¹) Savine.

Primo : On m'a télégraphié de Paris pour citer M. de Lamonta, rue Tait-bout, pour parler contre Rouvier. C'est le secrétaire de Laguerre ; la dépêche étant arrivée au moment des significations, j'ai vite ajouté ce nom, mais je ne veux pas écrire à Laguerre pour lui demander ce sur quoi il faut questionner ce Monsieur. Dois-je le maintenir comme témoin? Peut-il nous être utile?

Secundo : Thiery (¹) a reçu la liste des témoins ; il a dû vous la montrer. Les vôtres y sont, sauf votre ambassadeur et votre Hanoï ainsi que Boulanger, qui détournerait l'attention et que j'exécute, d'ailleurs, dans l'*Union* de ce soir.

Ne me grondez pas, j'ai en vous la même confiance qu'en Malou et en ma femme. Mais il faut me laisser aussi un peu juge, car j'ai toute la responsa-bilité de l'affaire puisque M. Thiery est novice et absent.

Tertio : Je joins le dossier Foubert à la présente.

Quarto : Apportez la signature Roux pour l'audition Rebuffel, Allmayer. *C'est indispensable.* Nous sommerons le Parquet de produire la lettre pré-tendue fausse à l'audience.

Quinto : Les lettres échangées entre MM. Louis et Thiery sont parfaites. J'y adhère pleinement, demain j'enverrai l'introduction signée Thierry, après demain la première partie de mon introduction et mardi, avant onze heures du matin pour que Louis l'ait mercredi matin, la seconde partie.

D'ores et déjà, vous avez tous les documents, sauf ceux que Julien d'Al-gérie (²) va m'envoyer sur Thomas, l'ami de Fabre. Au surplus, l'affaire viendra samedi, elle durera plusieurs jours certainement et il est bien entendu que le livre ne sera pas mis en vente sans une dépêche signée de Thiery (¹), disant : Pouvez aller. Le lendemain du verdict, cela doit paraître, pas avant. Cela est bien entendu. Confirmez-le-moi bien, je vous prie. Nous aurons un sténographe de Marseille qui photographiera inter-rogatoires, dépositions, réquisitoires, plaidoiries, répliques, questions et verdict, cela paraîtra *in extenso* dans l'*Union*.

Je le ferai tirer à part immédiatement avec Louis, éditeur, et expédier à Paris. Ce sera encore une vente.

Sexto : Vous apporterez le dossier Drumont, j'ai fait l'adresse aux hon-nêtes gens de France en pensant à lui. (Je n'ai pas trouvé de documents dans ses livres. Ils sont le corollaire des vôtres, vous formez un tout complet.)

Je vous attends mercredi soir au plus tard, il nous faut travailler au moins deux jours ensemble, il vous faut partir mardi ou ne pas venir.

(¹) Gilly.
(²) D'Alavène.

Louis, qui est un lettré, suffira pour aprécier mon introduction. Vous voyez ce que je veux y mettre, vous savez que j'écris correctement. . . . . quand je m'applique.

D'ailleurs Louis a tout droit de correction, dites-le-lui ; ce sera prêt grâce à vous, du sang-froid j'en aurai et du courage j'en ai. Votre confidence ne m'étonne pas. Thiery est bon, mais faible et écoute le dernier qui lui parle. Julien m'envoie à l'acceptation un effet de 350 francs, je ne puis pas entrer dans cette voie, je vais le lui écrire, surtout Thiery étant absent.

Signé : Eugène (¹).

Nîmes, le 26 novembre 1888.

Monsieur Chirac,

J'ai bien reçu hièr dans l'après-midi le paquet de volumes que vous avez bien voulu m'envoyer et dont je vous remercie beaucoup.

Mais mon père a été fort colère lorsqu'il a vu sur la couverture de son volume ceci : *la Fin d'un Monde,* de Drumont, plus l'extrait d'un passage de ce volume le plus violent ; il pense (avec raison) que l'éditeur s'est joué de sa bonne foi et a voulu exploiter la situation et moi-même je m'étonne fort, étant donné que vous étiez sur les lieux, vous n'ayez pas fait arrêter vous-même l'impression.

Mon père va écrire à l'éditeur et le sommer d'arrêter cet imprimé et déclarer dans les journaux qu'il n'y est pour rien. Je l'approuve entièrement. Avec mes remerciements, agréez, Monsieur, toutes mes salutations.

Signé : Joséphine Gilly.

Nîmes, 1ᵉʳ décembre 1888.

Mon cher Monsieur Chirac,

J'apprends à l'instant que la Chambre a autorisé des poursuites contre moi. Je n'aurais jamais cru qu'elle prît une pareille décision aussi rapidement et sans tenir compte de la demande que je lui avais faite que les différentes affaires fussent jointes et que les débats eussent lieu en même temps devant les assises de la Seine.

Quels sont les motifs qui l'ont poussée à agir autrement, je l'ignore, mais certainement elle a des raisons pour cela. Vous êtes sur les lieux, vous devez en savoir quelque chose et j'espère que vous voudrez bien me renseigner

(¹) Peyron.

à ce sujet. Et maintenant que l'autorisation des poursuites est accordée, que pense faire M. Savine?

A-t-il un avocat en vue?

Car je suppose bien qu'il n'est pas dans nos intérêts d'en prendre un différent pour chaque localité où nous pouvons être appelés?

Il serait urgent de le désigner, afin qu'il commence au plus tôt l'étude du Dossier, passablement long, et que je puisse me mettre en rapport avec lui.

Avons-nous des démarches à faire? Quelles sont-elles? et comment devons-nous nous y prendre pour qu'elles aient quelques chances d'aboutir?

Et puis, quelles ressources disponibles avons-nous pour faire face aux frais très considérables que tous ces procès probables vont nous occasionner?

Voilà, mon cher Monsieur Chirac, un tas de questions dont la réponse m'intéresse au plus haut point, car vous connaissez ma situation, et je me demande, non sans inquiétude, quelle sera l'issue de tous les procès qui nous menacent.

Bien que je compte me trouver à Paris vers le milieu de la semaine, je n'en attends pas moins et avec impatience, malgré vos ennuis du moment, une lettre de votre part, pour me fixer sur tous ces points.

Dans l'attente de vous lire, je vous prie d'agréer, mon cher Monsieur Chirac, l'assurance de mes meilleurs sentiments.

Signé : Numa GILLY.

P. S. — Mes amitiés à M. Savine, à qui je vous prie de communiquer cette lettre.

Décompte des 1,400 francs de Gilly.

Voyage (aller et retour) de Londres, ci....F.	237	50
Note d'hôtel.............................	128	75
Déjeuners ou dîners, frais divers, dépêches,		
perte au change......................	173	75
Payé à d'A............................	500	»
Accessoires, achats divers................	130	»
Voyage de Nîmes......................	230	»
Total...................F.	1,400	»

INTERROGATOIRE PEYRON

Information.

L'an mil huit cent quatre-vingt-neuf et le seize décembre,

Par-devant nous, Marius Bernès, juge d'instruction de l'arrondissement de Nîmes, assisté du commis-greffier soussigné,

Procédant en vertu d'une commission rogatoire de notre collègue de Bordeaux,

A comparu Élie-Scipion Peyron, âgé de trente ans, avocat, demeurant à Nîmes,

Témoin, cité par exploit de Mourgue, huissier, en date du 14 décembre, lequel nous a représenté la copie et a juré de dire la vérité, rien que la vérité, et n'être point parent, allié, serviteur ni domestique du prévenu.

Je ne puis répondre, pour le moment du moins, aux questions posées dans la commission rogatoire de M. le Juge d'instruction de Bordeaux.

Je crois être lié par le secret professionnel, puisque ce que je pourrais dire concernant M. Numa Gilly, ne m'a été révélé par ce dernier que comme étant son avocat.

Mon intention est d'en référer au Conseil de l'ordre et j'agirai suivant la décision qui sera prise :

Lecture, persiste et signe :

Signé : BERNÈS.
Signé : PÉPIN.
Signé : Élie PEYRON.

Interrogatoire de Peyron.

L'an mil huit cent quatre-vingt-huit et le vingt-sept décembre, à deux heures de l'après-midi,

Devant nous, Roujol, juge d'instruction au Tribunal de première ins-

5

tance de Bordeaux, étant dans notre cabinet, au Palais de Justice, assisté de Adolphe Leclerc, commis-greffier assermenté, est comparu le ci-après nommé dont nous avons pris l'interrogatoire ainsi qu'il suit :

D. — Quels sont vos nom, prénoms, âge, profession, lieu de naissance et demeure?

R. — Je m'appelle Peyron (Élie-Scipion), trente et un ans, avocat à la Cour de Nîmes, né à Nîmes le 21 décembre 1857, fils de Albin-Adrien et de Amélie-Madeleine Theub. Je demeure à Nîmes, marié, deux enfants, jamais condamné, sais lire et écrire, classe 1877, canton de Montpellier.....

D. — Vous venez de prendre connaissance des deux réquisitoires de M. le Procureur de la République. Veuillez répondre aux inculpations dont vous êtes l'objet.

R. — Je suis un ami politique de M. Gilly, qui, depuis longtemps, me traite presque comme un fils. J'indique cela, tout d'abord pour expliquer que je n'ai pas pris avec lui les précautions que j'aurais prises vis-à-vis d'un étranger.

Quelques jours après le discours d'Alais, personne ne pensait plus à la phrase de Vingt Willsons.

Une lettre de M. Jamais, collègue et adversaire républicain de M. Gilly, dans le département du Gard, remit tout en question. M. Jamais réclamait une rétractation publique, bien que Gilly eût mis hors de cause les députés du Gard.

La lettre de ce député étant destinée à la publicité du *Petit Méridional,* M. Gilly ne crut pas devoir déférer à cette sommation; il refusa la rétractation demandée, et c'est ainsi que l'affaire eut un retentissement que M. Gilly ne désirait pas. Cette lettre est insérée en tête de *Mes Dossiers,* à la page xxxviii de l'instruction. Gilly y répondit par une lettre du 8 septembre, insérée à la page suivante.

Je n'insiste pas sur cette partie de l'affaire, elle est reproduite dans l'introduction de *Mes Dossiers.*

En prévision d'une poursuite possible, M. Gilly m'avait confié le dépouillement de sa correspondance, félicitations, offres de preuves et preuves même.

Son courrier était dépouillé par lui, par son secrétaire de la mairie ou par sa fille.

Je le lisais ensuite, et, s'il y avait lieu, Gilly me disait ce qu'il fallait répondre.

J'emportais à mon domicile les pièces et i'en constituais les éléments d'une défense éventuelle, soit comme avocat de M. Gilly, soit comme son conseil si je n'étais pas appelé à le défendre. Il était très occupé comme maire et il me laissait tout le poids de cette sorte d'instruction.

Quand il fut appelé devant le Juge d'instruction d'Alais, je lui représentai que ses moyens de défense étaient insuffisants. Je le fis sur sa demande. On nous offre, me dit-il, des documents à Paris et à Londres. Partez, allez voir ce qu'il y a, faites pour le mieux; et il me remit cent francs pour mon voyage. De mon côté, j'empruntai une petite somme et je partis pour Paris. Là, je fus en rapport avec certaines personnes qui m'avaient promis des documents; je recueillis diverses preuves. Pendant ce temps, le sieur d'Alavène écrivait de Londres des lettres si pressantes à M. Gilly, qu'il était de mon devoir de défenseur de recueillir des preuves partout où il faudrait. A cet effet, Gilly m'avait accrédité auprès de d'Alavène en me faisant écrire sur l'une de ses cartes un mot d'introduction qu'il signa de son nom. Je l'avais écrite afin que d'Alavène pût reconnaître mon écriture à Londres et de s'assurer de mon identité. M. Merle, secrétaire de la mairie de Nîmes, me télégraphia de cette ville une dépêche adressée à l'hôtel de France, à mon adresse, sous le nom d'Eugène FRANCK.

Elle portait : « On vous attend à Londres. »

Sur interpellation : Je n'hésite pas à répondre à votre demande. J'ai pris le nom de Franck pour éviter d'être filé en France et à l'étranger, et dépouillé des documents que je pourrais avoir sur moi. Au moment de partir, la question d'argent s'imposa; outre les frais de voyage, je fus informé à Paris seulement que d'Alavène ne manquerait pas de me faire payer ces documents que, jusqu'alors, j'avais espéré obtenir gracieusement. On dit qu'un éditeur jeune, hardi, M. Savine, avait eu l'idée de faire au mandataire de M. Gilly une proposition au sujet des documents du procès. On nous mit en relations à l'hôtel de France. Savine m'offrit de publier les dossiers que je pourrais avoir et me montra un projet d'engagement.

C'était une lettre, mais non celle qui a été publiée dans le volume.

On supposait alors que les débats de Nîmes devaient durer huit jours.

D'après ce projet de traité, Gilly s'engageait à donner à Savine, avant les débats, les documents qui devaient servir à sa défense. Le livre devait paraître dès le second jour des débats, avant que les journaux n'aient eu le temps de publier les documents.

En échange, Savine donnait à Gilly, comme droits d'auteur, sauf erreur, 50 centimes sur les dix premiers mille, 60 centimes de dix à vingt mille, et 75 centimes au delà.

Je rappelle que M. Gilly ne voulait pas faire une spéculation, mais faire face aux frais de son procès, sans qu'un centime passât par ses mains. Je pris ce projet pour le communiquer à M. Gilly, à mon retour de Londres ; toutefois, avant mon départ, je lui en communiquai par écrit les grandes lignes. Savine, dans cette même entrevue, m'ouvrit un crédit de 5,000 fr., destiné à la fois à payer mon voyage et à l'acquisition des documents, et ce, à valoir sur les droits d'auteur de M. Gilly. Il me conseilla de me faire accompagner par M. Chirac. J'y avais déjà songé, parce que déjà il avait été question d'envoyer Chirac à Londres, avec M. Camélinat ou M. Boyer. Le lendemain, nous partîmes ensemble. A Londres, après quelques jours de pourparlers, nous tombâmes d'accord avec d'Alavène.

Chirac télégraphia à Savine sous le nom de DUPLESSIS, et reçut en réponse une somme de 1,100 fr. 500 fr. furent donnés à d'Alavène ; Chirac en retira un reçu qui n'est pas passé par mes mains. Chirac conserva 400 fr. et me donna 200 fr. pour mes frais de retour. Avec cette somme, Chirac paya une partie de nos dépenses de Londres. Jusque-là, dans aucune circonstance, je n'ai rien signé comme mandataire de M. Gilly.

Rentré à Nîmes, j'exposai à Gilly tout ce que j'avais fait, il l'approuva complètement. Deux jours après il partit pour Paris, comptant sur une ordonnance de non-lieu. Il fut renvoyé devant la Cour d'assises. Je restai seul à la peine, ayant à faire face aux difficultés de la procédure dans un si bref délai et à citer quarante-deux témoins. Chirac m'écrivit : il faut faire le livre coûte que coûte en quinze jours. C'était difficile et cela avait en outre l'inconvénient de m'empêcher de lire tous les documents réunis de tous les côtés.

Une partie de ces pièces était adressée de Londres directement à Savine.

J'en envoyais de mon côté le moins possible, il est vrai, afin de ne pas paralyser par des indiscrétions, mes effets d'audience. Dans ces conditions le livre se fait ainsi que les introductions, et le tout doit être publié à bref délai.

J'arrive ici à l'échange des lettres entre Savine et Gilly. Je reçus le 8 novembre, à Nîmes, une lettre de M. Chirac ainsi conçue (j'en ai l'original chez moi).

J'en extrais un passage : « A mon avis, entre autres témoins éloignés, ceux que je vous fais citer d'accord avec Gilly, empêcheront que l'affaire ne vienne le 16 ou le 17 ; mais il faut se garder contre toute surprise et surtout nous rappeler qu'il y a une question de simple probité, à être exacts envers Savine... D'accord avec Savine et avec Gilly, voici quel devra être l'échange de correspondance. » Et à la suite se trouve mot à mot le texte des lettres

imprimées aux pages v à viii du volume. Et à la suite, Chirac ajoutait :
« Telle serait la correspondance publique, mais comme détail d'exécution
vous savez, comme moi, qu'il faut que le volume soit prêt à tirer le jour
même ou commenceront les débats. »

Le procès eut lieu et Gilly fut acquitté. J'affirme que si Gilly ne connaissait presque rien de ce livre fait de toutes pièces, il en acceptait jusque-là la
publication sans que les épreuves dussent lui être communiquées.

D'ailleurs, pendant la composition, il se trouvait à Paris et il voyait Chirac
tous les jours. Le 17 novembre, pendant une suspension d'audience, il a
déclaré à haute voix devant de nombreux journalistes que ses dossiers
allaient paraitre et que le public apprendrait quand même ce qu'il n'avait pas
pu dire. Le journal *l'Écho de Paris* le lui a rappelé ces jours-ci.

Le lendemain du procès, dans la matinée, je reçus la visite de M. Martin.
Il me dit que Gilly, sous l'influence de l'attitude prise par M. Andrieux, la
veille, se montrait préoccupé de ce que le volume pouvait contenir d'hos-
tile, à l'encontre de cette personne; je le compris et, sans même voir Gilly,
je rédigeai une dépêche que récemment Savine a publiée dans les journaux
en ces termes : « Nous nous opposons à la vente du volume tel qu'il est
composé : Signé : Gilly-Chirac. »

J'ajoutai le nom de Chirac, plus connu de Savine, pour donner plus de
poids à ma dépêche.

Cependant, les témoins réclamaient leur taxe; elle se montait à plusieurs
milliers de francs déjà. A trois heures, j'allai trouver Gilly, et je lui fis part
de nos embarras d'argent. Ému jusqu'aux larmes, Gilly ne savait que
résoudre. Je lui dis : Il y a un moyen : envoyons un contre-ordre à Savine;
il nous enverra par le courrier ce qui nous est nécessaire. Gilly ne répondit
rien; il était atterré. Ceci se passait à l'hôtel du Gard. Nous sortimes et
nous montâmes à la Tour-Magne. Chirac, homme très vif, s'emportait en
apprenant la situation. Il rappelait qu'on avait des engagements avec Savine;
qu'on avait reçu de lui des avances. Gilly se préoccupait toujours d'Andrieux;
il se montrait désespéré. La scène était navrante. Alors, pour tout concilier,
on proposa de rectifier le tirage sur quelques points relatifs à Andrieux et
d'ouvrir à celui-ci nos colonnes pour la seconde édition; on proposait aussi
une avant-préface, car il fallait s'en tirer.

Gilly, naturellement timide et indécis, répétait qu'il allait recevoir un
commandement, le premier dans sa vie commerciale; il avait les larmes aux
yeux. Sans rien décider positivement, il était comme butté et répondait : « Je
ne veux pas que le livre paraisse. »

Je lui répondis : Il ne sera pas dit que vous serez ruiné; et je le quittai avec Chirac et M. Delboy.

J'envoyai à Savine une dépêche signée : DUPLESSIS (nom emprunté par Chirac) : « Ne vous préoccupez pas dépêche aujourd'hui ; lettre suit. Arriverai demain. » Cette lettre fut envoyée, rédigée par Chirac et par moi, et signée, je crois, par nous deux. Elle autorisait la publication, sous la réserve de certaines publications relatives à Andrieux. A partir de ce moment, j'ai pour ainsi dire cessé d'être l'avocat de M. Gilly, qui a songé, plus tard, à M. Laguerre.

Cependant, j'ai continué à m'occuper du règlement des frais occasionnés par le procès de Nîmes. J'ai justifié, devant M. le Juge d'instruction d'Albi, de l'emploi de toutes les sommes envoyées par Savine.

Dès que le Comité de souscription a été constitué, j'ai prié M. Savine d'envoyer les fonds à M. Allemand, trésorier de ce Comité.

Interpellé : Je dois reconnaître que M. Gilly s'est montré très ennuyé, après la publication de *Mes Dossiers*. Je ne puis dire s'il a été affecté de la publication ou s'il a seulement regretté les suites qu'elle a eues; ce qu'il y a de certain, c'est qu'il n'a pas lu ce volume, au moins à ma connaissance.

Lecture faite, a persisté et signé.

Signé : E. PEYRON.

Signé : ROUJOL.

Signé : LECLER.

L'an mil huit cent quatre-vingt-huit, et le vingt-huit décembre,

Devant nous, A. Roujol, juge d'instruction au Tribunal de première instance de Bordeaux, étant dans notre cabinet, au Palais de Justice, assisté de Joseph Vignes, commis-greffier assermenté, est comparu le nommé Peyron, dont nous avons pris l'interrogatoire ainsi qu'il suit :

D. — Quels sont vos nom, prénoms, âge, profession, lieu de naissance et demeure?

R. — Je m'appelle Peyron, déjà interrogé.

D. — Maintenant que vous avez exposé vos moyens de défense, je vous invite à me faire connaître l'auteur du livre *Mes Dossiers*, et quels sont les documents dont vous entendez vous servir pour faire la preuve des allégations qui s'y trouvent contenues plus particulièrement contre M. Raynal?

R. — Je vous ai expliqué comment les documents mis à ma disposition avaient été envoyés par moi à M. Savine, en même temps que cet éditeur en recevait un certain nombre de Londres directement. Le temps nous manquait pour mettre ces pièces en ordre, un délai de dix jours seulement nous restait avant l'époque fixée pour la mise en vente, c'est-à-dire le second jour des débats. Je me suis donc borné à la transmission d'un certain nombre de pièces à Paris. Il est facile de les reconnaitre, dans le volume; ce sont, en général, des extraits de lettres adressées à M. Gilly. Les documents de Londres ont été publiés de la même façon, tels qu'ils étaient transmis; on peut dire qu'il n'y a eu, dans le sens littéral du mot, aucun auteur. C'est un travail de compilation, il a suffi de joindre bout à bout les documents réunis en volume.

Le 16 novembre, Chirac écrivit à Savine de nous envoyer douze épreuves destinées au jury. Le 18 au matin je reçus un seul exemplaire, absolument tronqué, à l'état d'épreuve. Il ne s'y trouvait que l'introduction et les dernières pages, à partir de la page 181 jusqu'à la fin, le reste avait disparu je ne sais comment.

Le passage relatif à M. Allemand et les documents de d'Alavène sur Andrieux ne s'y trouvaient pas.

Je crois devoir placer ici ma réponse à la lettre de Chirac, publiée dans le *Figaro* du 26 décembre. On lit dans cette lettre « que le télégramme du » 18 novembre, signé GILLY-CHIRAC, n'a été fait ni par Gilly ni par Chirac, ni » signé par eux; qu'il était parti depuis le matin à l'insu de Chirac, et qu'il » est l'œuvre d'une tierce personne dont le rôle perturbateur est encore » inexplicable. »

J'ai expliqué que le télégramme du 18 au matin avait été envoyé par moi hors la présence de Chirac et sans son assentiment; que j'avais emprunté son nom pour donner plus de poids à la dépêche auprès de M. Savine. Je lui fis connaitre cette circonstance, et il est probable qu'il se montra vexé de retrouver son nom au bas d'une interdiction adressée à Savine, alors qu'il s'est toujours montré partisan résolu de la publication à raison des engagements pris envers Savine, en se plaçant uniquement au point de vue de la probité commerciale. Quant à mon rôle de perturbateur (si toutefois cette phrase s'adresse à moi), voici comment je peux l'expliquer :

Un peu avant les débats, j'écrivis à Chirac que la publication de nos documents au cours des débats nuirait à mes effets d'audience. Il me répondit vivement : « Il faut avant tout tenir ses promesses », ne se rendant pas compte que ce qui me préoccupait *à ce moment-là,* c'étaient avant tout les nécessités de la défense dont j'avais la charge.

Sur le second point de votre demande, j'estime que la preuve des allégations diffamatoires peut être faite ou par des documents ou par des témoignages, je ne m'expliquerai pas autrement sur les documents. Quant aux témoins, j'en ai préparé une liste assez longue; cette après-midi, je me propose de la compléter et de vous la remettre sans retard, en vous priant de vouloir bien faire entendre les personnes que je désigne.

D. — Je viens de vous donner connaissance de la procédure tout entière. Veuillez faire vos observations.

R. — Je vais m'expliquer successivement sur chacune des pièces qui demandent une réponse.

1° *Interrogatoire de M. Gilly, 14 décembre.*

Les réponses de M. Gilly dénotent son ignorance des détails de l'affaire ou un défaut de mémoire sur les points essentiels. Ainsi, il n'a pas été convenu, à ma connaissance du moins, que rien ne serait publié sans que Gilly eût vu les épreuves; il ne m'a jamais parlé de cette convention; je ne pense pas qu'elle ait existé, puisqu'à la Cour d'assises, Gilly, sans avoir reçu les épreuves, annonçait publiquement que le livre allait paraître.

S'il y a eu une convention de ce genre, c'est à Paris, en dehors de moi; du reste, entre mon retour de Londres et le 17 novembre, j'ai peu vu M. Gilly, et sa défense m'absorbait. Plus loin, Gilly prétend que le télégramme du 18 au matin fut écrit, sous la dictée de Chirac, de son consentement. J'ai déjà expliqué que Chirac est resté étranger à cette dépêche. Plus loin encore, Gilly prétend que je lui annonçais, dans la soirée du 18, le départ de ma lettre à Savine; c'est une erreur; je n'ai revu Gilly que le 18, à trois heures, ou le 19, au matin. Chirac, au contraire, a dîné le 18 avec lui, avant son départ pour Paris. Gilly n'a pas dû lire le volume aussitôt après sa publication; celui-ci a été mis en vente vers le 24. Mlle Gilly en a réclamé à Savine des exemplaires qui ont dû arriver à Nimes le 27 ou le 28; je doute qu'il l'ait lu avant.

A la fin de son interrogatoire, Gilly laisse entendre que les auteurs des lettres qu'il a fait publier doivent être responsables. Je ne suis pas de son avis, puisque ces personnes ne nous avaient pas autorisés à les nommer. Au surplus, elles ne sont pas signées.

Une impression se dégage pour moi de la protestation et de l'ensemble de l'interrogatoire de M. Gilly : c'est qu'il a cru qu'on l'avait trompé; qu'on s'était servi de son nom pour battre monnaie; qu'on avait fait une spéculation sur son dos. Le montant des droits d'auteur d'Alavène semble l'avoir tardivement choqué. Il devait pourtant le connaître avant son départ pour Paris. A cette époque déjà j'avais remis à M. Merle, secrétaire de Gilly à la mairie, une lettre de Chirac qui en donnait le détail. Si elle ne lui a pas été communiquée, ce n'est pas de ma faute. J'ajoute que le traité de Londres a été passé entre DUPLESSIS, mandataire de Savine, et d'Alavène; le nom de Gilly n'y a pas été prononcé. J'ai pensé qu'il préférerait ne pas voir son nom à côté de celui d'un homme ayant occupé les fonctions qu'a remplies d'Alavène.

2° Deuxième interrogatoire de Gilly, 21 décembre.

Je n'y relève qu'une phrase, à la troisième page; celle-ci : « Il avait été formellement convenu entre Chirac, Peyron et moi, que l'ouvrage serait complètement inoffensif, et qu'il n'en résulterait pour moi aucun ennui. » C'est une naïveté. Gilly savait bien que les documents à publier étaient ceux dont nous devions nous servir pour sa défense à Nîmes; il ne pouvait pas se tromper sur leur portée.

3° Le journal l'Union des Travailleurs, du 28 novembre, contient en tête une déclaration signée : « Numa Gilly ». C'est une protestation contre la réclame faite sur la couverture de Mes Dossiers à un ouvrage de Drumont. Cette note n'est pas mon œuvre, je n'en ai eu connaissance que le soir en achetant le journal. Si je l'avais rédigée, je n'aurais pas écrit ce membre de phrase : « Je n'entends pas être la victime d'une spéculation inavouable, » attendu que si M. Savine a traité cette affaire pour gagner de l'argent, il s'y est du moins montré en toute circonstance d'une parfaite correction. On pourra, s'il le faut, retrouver le texte de cet article à l'imprimerie du journal.

Lecture faite, a persisté et signé.

Signé : Élie PEYRON.
Signé : ROUJOL.
Signé : Joseph VIGNES.

Interrogatoire.

L'an mil huit cent quatre-vingt-neuf et le dix-sept janvier,

Par-devant nous, Marius Bernès, juge d'instruction de l'arrondissement de Nîmes, assisté du commis-greffier soussigné,

Procédant en vertu d'une commission rogatoire de notre collègue de la Seine, en vertu d'un mandat de comparution par nous décerné le 16 courant, l'individu ci-après dénommé, à l'interrogatoire duquel nous avons procédé comme suit : Sur nos interpellations, l'inculpé a dit s'appeler Peyron (Élie-Scipion), déjà interrogé.

D. — Dans une lettre adressée par vous à M. le Juge d'instruction de

Bordeaux, à la date du 30 décembre 1888, vous avez écrit ce qui suit :
« L'importance du reçu de 3,000 francs dont je vous remets l'original ne
vous échappera pas parce qu'il met à néant l'assertion de M. Gilly qu'il n'a
pas reçu des fonds de Savine, et démontre de la façon la plus évidente que
dans toute cette affaire j'ai été le mandataire de M. Gilly. »

A cette assertion, on peut opposer plusieurs objections. La première est
celle-ci : Si les fonds expédiés par Savine étaient destinés à Gilly, pourquoi
Savine, au lieu d'adresser les fonds à ce dernier, ne les a-t-il pas adressés à
vous-même?

R. — A cette objection, je répondrai simplement ceci : A l'époque où le
livre se faisait, il avait été convenu que pas un centime ne passerait par les
mains de M. Gilly, de peur que celui-ci ne fût accusé d'avoir voulu faire
une spéculation. C'est du reste pour répondre par avance en quelque sorte
à cette pensée qui pouvait naître dans l'esprit du public que, d'accord
avec Gilly, Chirac et Savine, nous avons fait paraître dans l'ouvrage *Mes
Dossiers* la lettre imprimée à la page VII et qui contient le passage suivant :
« Quant aux droits d'auteur, je crois que le mieux sera de les verser à la
souscription publique qui, suivant les usages démocratiques, va être ouverte
pour parer aux frais extrèmement onéreux du procès qui m'est intenté ».

Quoi que puisse dire M. Gilly, je maintiens toujours, comme je l'ai fait
dans les interrogatoires que j'ai déjà subis, que les lettres insérées dans
l'ouvrage *Mes Dossiers,* signées : Numa Gilly, spécialement celle dont je
viens de parler, ont été faites d'un commun accord entre Gilly, Chirac,
Savine et moi; que Gilly en a eu connaissance, qu'il en a accepté les termes
et que ma bonne foi, à cet égard, se trouve à couvert par la lettre que
Chirac m'a adressée à la date du 8 novembre dernier et dont j'ai déjà parlé
devant M. le Juge d'instruction de Bordeaux. La lettre qui sert d'introduction à l'ouvrage (pages LXXV, LXXVI, LXXVII, LXXVIII de l'ouvrage), est la
seule qui ait été faite exclusivement par moi, bien que signée : Numa GILLY.
En conséquence, si M. Savine m'a envoyé directement les fonds, c'est en
vertu des conventions précédentes non seulement acceptées, mais imposées
par Numa Gilly.

Cette somme de 3,000 fr. était un second acompte que versait Savine,
sur la part des droits d'auteur revenant à Numa Gilly; j'avais reçu précédemment 1,400 fr. de l'emploi desquels Chirac a justifié vis-à-vis de Savine,
ce qui fait un total de 4,400 fr. versé par Savine pour droits d'auteur.

Ces droits étaient exclusivement réservés à Numa Gilly par suite des
conventions antérieurement arrêtées. J'ai déjà dit et je ne cesserai de

répéter que je ne me suis jamais réservé personnellement aucun bénéfice. La seule somme dont j'aie personnellement profité (et qui dans ma pensée était à valoir sur les droits d'auteur de Gilly) est celle de 200 fr. que Savine, par l'entremise de Chirac, m'a avancée pour m'indemniser de mes frais de retour de mon voyage de Londres. Je tiens même à ajouter que M. Numa Gilly m'avait donné 100 fr. au départ, que j'ai dépensé 500 fr. et que j'y suis pour 200 fr. de ma poche *(sic.)*

Je tiens à faire une autre observation : M. Gilly paraît insinuer qu'il existe des conventions secrètes entre Chirac, Savine et moi ; que même nous aurions passé un traité par écrit, en dehors de lui et à son insu. C'est absolument faux, et je mets Gilly au défi d'apporter une preuve quelconque de cette allégation.

Bien plus, je possède la preuve du contraire. Dans un interview qui a paru dans le journal *le Figaro* portant la date du 23 décembre 1888, et dans lequel j'ai relevé la phrase suivante : « Je n'ai pas à me substituer à M. Gilly, qui a en mains votre engagement ; mais. . . . . »

N'est-ce pas là la preuve qu'il n'existe d'autre traité que celui que M. Gilly possède lui-même et dont il a accepté les conditions ? Ma lettre est toujours entre les mains de Savine, mais je vous remets le numéro du journal *le Figaro* qui en contient textuellement la copie.

D. — Vous avez déclaré déjà que les 3,000 fr. qui vous ont été envoyés par Savine avaient servi à payer les témoins cités par Numa Gilly, lors de son procès de Nîmes.

En justifiant de l'emploi de cette somme, vous en avez déduit que l'attribution donnée à ces fonds prouvait que cet argent représentait bien les droits d'auteur revenant à Gilly lui-même ; mais cette déduction ne serait pas exacte, si vous vous étiez engagé, comme Gilly l'affirme, à payer les frais du procès et à parer à toutes les charges qui devaient en résulter. Qu'avez-vous à répondre ?

R. — Pas autre chose que ce que j'ai déjà répondu devant M. le juge d'instruction de Bordeaux, lorsqu'il m'a confronté avec le témoin Bertrand. Il est faux, absolument faux que j'aie jamais tenu, à quelque époque que ce soit, à M. Gilly, le langage qu'il me prête ; et je suis prêt à donner aux témoins qui pourraient m'être opposés le démenti que j'ai déjà infligé au témoin Bertrand.

J'attends, pour m'expliquer plus en détail, d'être confronté avec les témoins qui me seront opposés.

D. — Cependant, depuis le télégramme expédié par lui à Savine, le

18 novembre, M. Gilly n'était-il pas fondé à penser qu'il n'avait plus rien de commun avec l'ouvrage et tout ce qui s'y rapporte, et que, par conséquent, il ne pouvait bénéficier d'aucun droit d'auteur?

R. — Avec quoi donc M. Gilly pensait-il pouvoir payer les témoins qu'il avait cités pour sa défense? Il savait très bien avec quel argent ils ont été payés, et il savait que nous n'en avions d'autre que celui que Savine envoyait. La souscription publique avait produit en tout 321 francs qui avaient été absorbés avant le procès même. Il n'est pas possible que M. Gilly ait eu sérieusement la pensée que je m'étais procuré les fonds sur mon propre crédit.

N'ai-je pas du reste écrit à Savine d'envoyer les fonds à M. Allemand, conformément aux conventions qui se trouvent insérées dans le livre, et si je ne me les suis pas fait adresser directement à moi, c'est la preuve qu'il n'y a rien de vrai dans l'assertion de M. Gilly.

D. — Pourquoi alors, au lieu de porter ces fonds à M. Allemand, les avez-vous apportés à Mlle Gilly?

R. — J'avais des comptes à rendre à l'éditeur, M. Savine, ou tout au moins à justifier de l'envoi de ces fonds. J'ai déjà dit que j'avais été obligé de faire un emprunt personnel pour venir en aide à M. Gilly. (Confrontation avec le témoin Bertrand devant le juge d'instruction de Bordeaux.) En réalité, j'avais déjà fait personnellement l'avance, toujours pour le compte de M. Gilly qui ne voulait pas retirer un centime de son commerce, de la somme que Savine m'envoyait. J'ai voulu avoir un reçu général, et le soir même j'écrivis à Savine pour lui dire que j'avais un reçu de M. Gilly.

Pourquoi ai-je remis les fonds à Mlle Gilly plutôt qu'à M. Gilly lui-même? Cela m'est facile à expliquer, étant donné, ce que M. Gilly ne contredira certainement pas, qu'il est toujours resté étranger à tout travail de comptabilité, qu'il n'écrit et ne signe jamais rien, qu'enfin il est de notoriété publique que c'est sa fille qui s'occupe de toutes ses écritures, que c'est elle-même qui fait le dépouillement du courrier et que son père l'a mise en relations avec toutes les personnes qu'il a à faire. Je sais bien que M. Gilly était à Nîmes à cette époque et à la rigueur j'aurais pu lui demander un reçu, mais je répète que les usages de sa maison sont tels qu'en m'adressant à sa fille, même dans cette circonstance, je n'ai fait que suivre les errements employés chez Numa Gilly toujours et par tous.

D. — Est-ce vous qui avez dicté le reçu à Mlle Gilly?

R. — Nous l'avons libellé d'un commun accord. Je lui ai dit de quoi il s'agissait et dans quels termes je désirais que le reçu me fût donné, et elle l'a rédigé aussitôt.

Je me réserve du reste de m'expliquer plus longuement, si besoin est, devant Mlle Gilly elle-même.

D. — Avez-vous parlé du versement à M. Gilly, après l'avoir fait, et du reçu qui vous avait été donné par Mlle Gilly?

R. — J'ai parlé de ce versement à Gilly, je puis l'affirmer. Quant au reçu que m'avait donné sa fille, je ne saurais répondre assez catégoriquement; peut-être lui en ai-je parlé, peut-être non, et voici pourquoi je ne puis pas être affirmatif. Le fait dont vous me parlez à présent n'avait pas pour moi grande importance à ce moment. J'ai voulu me mettre à couvert à l'égard de Savine, et je l'ai fait; quant à Gilly, je n'ai jamais eu aucune arrière-pensée à son égard, et si j'invoque ce reçu à présent, ce n'est pas tant pour l'opposer à M. Gilly, que pour justifier de mon honnêteté et de mon désin-téressement dans cette affaire.

D. — Par qui ont été retirés les 3,000 fr. en question?

R. — Par moi-même, et en diverses fois, des mains de Mlle Gilly, à qui chaque fois j'ai donné quittance. Ces reçus partiels doivent se trouver entre les mains de cette demoiselle, qui, je le pense, ne fera pas de difficultés pour les livrer.

D. — Quel a été l'emploi de ces fonds?

R. — J'ai donné cet emploi dans la lettre que j'ai écrite à M. le Juge d'ins-truction de Bordeaux. J'ai payé aux divers membres de la Commission du budget, cités comme témoins, une somme totale de 2,227 fr. 50, entre les mains de M. Defferre, avoué à Nîmes, dont j'ai le reçu. J'ai payé en outre la taxe Bouquet, soit 15 fr. 75. J'ai avancé 150 fr. sur la taxe de M. Achille Brissac, rédacteur de la *France*. J'ai remis 500 francs à M. Allemand, qui peut en déposer, soit au total 2,893 fr. 25. Il reste entre mes mains 106 fr. 75 que j'ai déjà offerts à M. Bonnet, avoué, et après le refus de ce dernier, il appartient à M. Gilly de décider si cette somme doit rester entre mes mains pour m'indemniser de mes frais de poste, dépêches, etc. Je vous remets le reçu de M. Defferre et treize copies de citations portant taxe.

Lecture faite, persiste et signe :

Signé : E. Peyron.
Signé : Bernès.
Signé : Pepin.

Interrogatoire.

L'an mil huit cent quatre-vingt-neuf et le dix-sept janvier, à deux heures du soir,

Par devant nous, Marius Bernès, juge d'instruction de l'arrondissement de Nîmes, assisté du commis-greffier, soussigné (2me interrogatoire du 17 janvier), a comparu l'inculpé qui a dit s'appeler Peyron (Elie). Et de même suite, à deux heures du soir.

D. — Vous disiez ce matin, en terminant votre déclaration sur l'ordre d'idées où nous l'avions placée, que vous aviez offert à M. Bonnet, avoué, la solde de 106 fr. 75, qui vous restait en main, pour finir de payer un témoin. Cette offre n'a-t-elle pas été le sujet d'un échange de correspondance entre M. Bonnet et vous, et que s'est-il passé à ce sujet?

R. — Il s'agit de la taxe Salis, dont le paiement a donné lieu aux incidents que je vais vous rapporter.

M. Salis avait chargé M. Bonnet du recouvrement de sa taxe. M. Bonnet avait d'abord réclamé l'argent à M. Gilly, puis à moi; nous le mîmes au courant des embarras financiers dans lesquels nous nous trouvions, et M. Bonnet, par pure complaisance, consentit à faire à son client l'avance de ce qui lui revenait. J'ai échangé à ce sujet avec M. Bonnet deux lettres : une que j'ai laissée chez lui; l'autre que j'ai remise à M. le juge d'instruction de Bordeaux, et qui est datée du 19 décembre 1888. J'ai encore fait parvenir à ce magistrat une autre lettre de M. Bonnet au sujet de cette affaire, portant la date du 13 décembre 1888, et celle-là adressée directement par M. Bonnet à Numa Gilly. Dans le coin de cette lettre se trouve la mention suivante, écrite au crayon : « Prière à M. Peyron de vouloir bien faire le nécessaire, » attendu qu'il a les fonds. Signé : Numa Gilly. » Je dois vous expliquer d'abord comment cette lettre m'est arrivée entre les mains, je vous dirai ensuite quels sont les arguments que j'en tire à mon profit.

Le 15 décembre dernier, en rentrant chez moi, à midi, je trouvai, à la place habituelle où on dépose mon courrier, une lettre renfermée dans une enveloppe portant l'adresse de Numa Gilly à Paris, et qui était déchirée. Cette enveloppe contenait la lettre Bonnet du 13 décembre; j'ai gardé précieusement l'une et l'autre, et si je n'ai pas transmis l'enveloppe à M. le Juge d'instruction de Bordeaux, c'est parce que je ne pensais pas qu'elle lui fût utile. Puisque vous m'en faites la demande, je vous la remets. Vous remarquerez que cette enveloppe, qui porte sur le coin gauche l'adresse de

M. Bonnet à Nimes, porte également deux timbres de la poste, l'un indiquant qu'elle était expédiée le 13 décembre 1888, l'autre, forme d'un R, indiquant qu'elle a été envoyée recommandée. Au dos, cette enveloppe porte les empreintes de divers timbres de la poste et deux mentions à l'encre, l'une rouge, ainsi conçue : « Adresse incomplète », et l'autre noire formée d'un mot illisible : « A Nimes, Gard. »

M. Gilly a-t-il reçu cette lettre? Tout me porte à le croire, puisqu'elle était recommandée; cependant je l'ignore; elle était ouverte, telle que je vous la remets en ce moment.

(Nous déclarons à l'inculpé que nous saisissons cette enveloppe comme pièce à conviction.)

Il ajoute :

Des renseignements que j'ai recueillis chez moi, il résulte que cette lettre a été remise à ma bonne par une autre domestique que ma bonne ne connaît pas, et qu'il ne lui a pas été dit de quelle part elle venait.

J'ignore encore, en ce moment, quelle est la personne qui m'a fait parvenir cette lettre. En la lisant, voici ce qui m'est venu à l'esprit : que M. Bonnet me la faisait parvenir à cause du mot écrit au crayon qui se trouvait en travers. Aussi, dès le lendemain, suis-je allé trouver M. Bonnet que je n'ai pas rencontré chez lui, mais auquel j'ai laissé un billet (celui dont je vous parlais au début), billet auquel M. Bonnet a répondu par sa lettre du 19 décembre, que j'ai transmise à Bordeaux. Dans cette lettre, M. Bonnet m'avisant qu'il était réglé, je ne me suis plus préoccupé de cette affaire.

D. — Ainsi, d'après vous, la mention écrite au crayon émanerait de M. Numa Gilly?

R. — Non, elle n'émane certainement pas de sa main; ce n'est pas du tout son écriture; mais, comme M. Gilly a l'habitude de faire écrire par d'autres personnes tout ce qu'il écrit, je n'ai pas été étonné de ne reconnaître ni son écriture ni sa signature.

D. — A qui alors attribuez-vous cet écrit; nous voulons dire : par qui croyez-vous que cette mention ait été écrite?

R. — Je n'en sais absolument rien, puisque j'ignore moi-même par qui cette lettre m'est parvenue.

D. — Il résulte cependant de la lettre que vous avez écrite à M. le Juge d'instruction de Bordeaux, que vous avez présenté cette lettre à l'appui de votre défense, comme émanant de M. Gilly, en ce qui concerne tout au moins la mention écrite au crayon, et vous en tirez un argument sur l'importance duquel vous insistez.

R. — Je n'ai jamais voulu dire que ce fût M. Gilly lui-même qui eût écrit cette mention. J'ai voulu dire et je maintiens que j'ai cru que c'était lui qui l'avait inspirée, et je le crois encore, jusqu'à preuve du contraire.

D. — Nous devons vous informer que M. Gilly déclare qu'il n'a pas reçu la lettre Bonnet du 13 décembre; qu'il ne l'a jamais eue entre ses mains; et que, par conséquent, il n'a ni écrit ni inspiré la mention dont nous parlons.

R. — Alors, je n'y comprends plus rien *(sic)*.

D. — Nous insistons encore une fois sur ce fait, parce qu'il est d'une gravité exceptionnelle à votre égard. M. Gilly déclare qu'on a fait un faux en imitant son écriture et sa signature, et il vous en rend responsable.

R. — Il n'y a que la situation dans laquelle se trouve M. Gilly qui puisse expliquer de sa part une pareille parole. Mon passé répond de mes actes. L'indignation et la douleur que je ressens ne me permettent pas d'en dire davantage.

D. — A l'appui de son allégation, M. Gilly ajoute qu'il se trouvait à Paris lorsqu'il reçut de Nîmes la lettre de Bonnet, datée du 10 décembre; qu'il répondait à cette lettre quelques jours plus tard, en écrivant à Bonnet qu'il allait prendre ses mesures pour le paiement de la taxe Salis; qu'après cette réponse, il est bien évident qu'il n'avait rien écrit à ce sujet.

R. — A cela, je répondrai deux choses : la première, c'est que l'observation de M. Gilly me semble contenir une contradiction manifeste. Si j'étais seul chargé de régler les témoins, pourquoi a-t-il écrit à Bonnet qu'il allait prendre ses mesures pour payer M. Salis? Le seconde, c'est que sa réponse à M. Bonnet (comme ce dernier me l'a appris) est du 18 décembre. Qu'a fait M. Gilly dans l'intervalle? C'est ce que j'ignore, et sa réponse, vous le remarquerez, est bien tardive.

D. — Nous vous représentons la lettre Bonnet (13 décembre) et la mention au crayon qu'elle contient : la reconnaissez-vous bien pour être celle que vous avez adressée à M. le Juge d'instruction de Bordeaux?

R. — Parfaitement.

Nous invitons l'inculpé à parapher cette lettre, *ne varietur,* ce qu'il fait en notre présence.

Lecture faite, persiste et signe.

Signé : Élie PEYRON.
Signé : BERNÈS.
Signé : PEPIN.

Interrogatoire.

L'an mil huit cent quatre-vingt-neuf et le vingt-quatre janvier,

Par-devant nous, Marius Bernès, juge d'instruction de l'arrondissement de Nîmes, assisté du commis-greffier soussigné,

Procédant en vertu d'une commission rogatoire de notre collègue de la Seine, en date du 16 janvier 1889, a comparu l'inculpé qui a dit s'appeler Peyron (Élie-Scipion), déjà interrogé.

D. — Vous avez donné, devant M. le Juge d'instruction de Bordeaux, au sujet de la dépêche que vous avez adressée à Savine pour contremander l'ouvrage de Numa Gilly *(Mes Dossiers)*, des explications qui ne paraissent pas concorder avec les renseignements fournis par M. Martin sur le même sujet devant M. le Juge d'instruction Lascoux. Maintenez-vous vos déclarations?

R. — Oui: ce que j'ai déclaré devant M. le Juge d'instruction de Bordeaux est l'exacte vérité, et je ne crois pas pouvoir me trouver en désaccord avec M. Martin sur ce point.

Confrontation.

Nous faisons introduire M. Émile Martin, déjà entendu par M. le Juge d'instruction de la Seine, et assigné à notre requête en vertu de la commission rogatoire sus-énoncée, auquel nous posons les questions suivantes, après avoir reçu son serment de dire la vérité, toute la vérité, rien que la vérité.

Nous vous représentons une dépêche expédiée de Nîmes, le 18 novembre dernier, et qui est ainsi conçue:

« Savine, 18, rue Drouot, Paris. — Gilly s'oppose vente de livre tel qu'il est composé. — Arrêtez de suite. Lettre suit. GILLY-CHIRAC. »

Ce télégramme, ainsi libellé, est-il bien celui que vous étiez convenu d'adresser à Paris, M. Peyron et vous, à la suite de l'entrevue que vous avez eue avec Peyron, sur la prière de M. Gilly?

M. MARTIN répond: Le télégramme que vous me représentez a été écrit par Peyron devant moi, et c'est moi-même qui l'ai porté au télégraphe.

Les termes dans lesquels il est conçu sont bien ceux qui avaient été arrêtés entre Peyron et moi, à la suite de l'entrevue que vous venez de rappeler et rien n'y a été changé.

7

D. à Martin. — La dépêche que nous venons de vous représenter présente une certaine ambiguïté.

Avait-il été convenu entre Peyron et vous que la publication du livre devait être complètement arrêtée, ou bien que ce livre devait être modifié sous certains rapports? — Les explications que nous vous demandons doivent porter sur cette phrase du télégramme : « tel qu'il est composé ».

R. — M. Gilly ne voulait pas entendre parler de ce livre en aucune façon. Il s'agissait non pas d'y apporter telle ou telle modification, mais bien d'en suspendre purement et simplement la publication. C'est ce que j'ai dit à Peyron et c'est ce qui a été convenu entre nous.

M. Peyron. — Je reconnais au fond l'exactitude de la déclaration de M. Martin. Il a bien été convenu que la vente serait arrêtée ferme et j'ai obéi aux ordres de M. Gilly en mettant dans la dépêche ces mots qui étaient un contre-ordre formel : « Arrêtez de suite. » La phrase qui précède : « Gilly s'oppose à vente du livre tel qu'il est composé » était une explication du motif du contre-ordre qui allait suivre et se rapportait aux préoccupations que M. Gilly m'avait fait connaître par M. Martin, préoccupations relatives à M. Andrieux et aux faits cités dans le livre qui pouvaient le toucher.

J'ai voulu résumer cette impression dans une phrase, afin d'empêcher que M. Savine, qui se trouvait lésé par l'arrêt de cette publication, ne prît des mesures violentes, par exemple une assignation en dommages-intérêts contre M. Gilly; mais mon intention était bien d'arrêter la publication du livre d'une façon formelle.

D. à Peyron. — N'avez-vous pas déclaré devant M. Martin et devant M. Gilly lui-même que tout ce que contenait l'ouvrage était inoffensif?

R. — J'ai pu faire cette déclaration et voici comment. Tous les documents qui ont servi à composer l'ouvrage ne sont pas passés par mes mains, notamment ceux qui ont été fournis par d'Alavène, qui ont été directement adressés à Chirac. Or, ce sont précisément ces documents qui étaient les plus scabreux.

J'ajouterai que dans l'esprit de d'Avalène les documents qu'il nous remettait devaient servir à la défense de M. Gilly.

D. à Peyron. — Mais alors comment n'aviez-vous pas ces documents entre les mains, puisque vous étiez le défenseur de M. Gilly?

R. — Chirac m'a apporté ces documents le 16, à Nîmes, après en avoir fait faire une copie pour Savine. Je me trompe, ce n'est pas le 16 novembre, c'est le 15 qu'il m'a remis ces documents.

D. — Alors, vous aviez eu connaissance de ces documents lorsque vous avez tenu le propos que nous avons rapporté plus haut?

R. — C'est Chirac qui devait faire le triage de tous ces documents, pour en former le volume, et je pensais qu'il aurait assez de discernement pour faire un choix judicieux, puisqu'il avait fait déjà paraître des ouvrages et qu'il n'avait pas été poursuivi.

D. à Martin. — Reportez-vous à ce qui s'est passé en votre présence, dans l'après-midi du 18 novembre, et dites-nous si vous avez entendu Peyron déclarer devant M. Gilly et autres qu'il allait écrire à Savine pour confirmer la dépêche lancée le matin?

R. — En sortant de l'hôtel du Gard, dans une promenade que nous faisions en commun, M. Gilly déclara devant Chirac, Peyron et moi, que les deux premiers l'avaient trompé et il insista fortement pour qu'ils écrivissent aussitôt à Savine une lettre confirmant la dépêche du matin; Peyron répondit qu'il allait immédiatement écrire à Savine et arranger ça.

M. Peyron. — C'est inexact. Je n'ai jamais entendu M. Gilly dire, en ma présence, que Chirac et moi l'avions trompé. Jamais il ne m'a donné l'ordre d'écrire à Savine pour confirmer le télégramme du matin.

Que je lui aie dit : « Nous allons arranger ça », c'est possible; Chirac, qui s'était violemment emporté en apprenant le contre-ordre que j'avais envoyé le matin sous son nom, et dont M. Martin l'avait informé, avait trouvé l'expédient suivant : Insérer, dans le volume, une préface contenant une rétractation à l'égard de M. Andrieux. Chirac, dont je craignais le caractère violent, et qui, même, m'intimidait, était complètement opposé à ce que l'ouvrage ne parût pas et insistait sur les dommages-intérêts que nous aurions à payer. Je pensai que l'expédient dont je viens de parler suffirait pour arranger les choses, et si j'ai dit à M. Gilly : « Nous allons arranger ça », c'était autant pour les tranquilliser que parce que j'étais réellement convaincu que nous ne courions aucun danger.

M. Martin. — Je maintiens que M. Gilly vous a dit que vous l'aviez trompé et vous a donné ordre de confirmer par écrit le télégramme du matin. M. Allemand doit avoir, comme moi, entendu ce propos.

Peyron. — Je dis non et je n'ai jamais menti. Si M. Gilly m'avait jeté une pareille injure à la face, je ne me serais plus soucié de ses intérêts et je ne serais pas allé, le lendemain, emprunter pour lui 2,300 francs.

D. à Peyron. — Nous vous représentons la copie de la lettre remise par Savine à M. le Juge d'instruction Lascoux, « adressée par vous à Savine le 18 novembre et dans laquelle vous l'invitez à ajouter à la fin du volume la copie qui y était jointe ». Prenez connaissance de ce document et dites-nous s'il est conforme à l'original écrit par vous?

R. — Je n'ai pas présent à l'esprit les termes dans lesquels cette lettre a été rédigée, mais il me semble bien que c'est ça, si les mots ne sont pas les mêmes, la pensée, du moins, est bien celle qui m'a dicté cette lettre : J'en prends la responsabilité. Cette lettre fait suite à une dépêche signée Duplessis (nom de guerre pris par Chirac) qui disait de tenir pour nulle et non avenue la dépêche Gilly-Chirac du matin; du reste, je me suis déjà expliqué à ce sujet à Bordeaux.

M. MARTIN. — Je n'ai rien à dire au sujet de la lettre dont vous parlez en ce moment, j'en ai eu connaissance le lendemain du jour où elle a été faite, mais j'ignorais dans quels termes elle a été conçue et même je dois ajouter que je croyais cette lettre conçue dans tout autre sens que celui que vous venez de m'indiquer. En effet, lorsque je revis Peyron et Chirac le lendemain je leur demandais si la lettre confirmant le télégramme que j'avais fait moi-même la veille était bien partie. Ils me répondirent : oui, tout est arrangé. J'ai donc cru que Peyron avait fait ce que Gilly lui demandait et ce qu'il lui avait promis, c'est-à-dire qu'il avait arrêté la publication complète de l'ouvrage.

PEYRON. — Tout cela est bien possible, nous ne nous sommes pas alors compris M. Martin et moi : si lui me parlait d'une lettre de rétractation, je ne pensais moi qu'à la lettre que j'avais écrite la veille de concert avec Chirac, et comme je croyais que cette lettre arrangeait tout, j'ai bien pu lui dire que tout était arrangé. Je ne conteste pas au surplus la déclaration de M. Martin, j'ai échangé tant de paroles, soit avec lui, soit avec d'autres, que je ne puis pas me souvenir de toutes.

Je puis avoir cherché à calmer ses inquiétudes et celles de M. Gilly en lui affirmant qu'il n'y avait rien à craindre, d'abord parce que j'étais de bonne foi, ensuite parce que j'étais effrayé des conséquences pécuniaires que l'arrêt du livre pouvait avoir pour M. Gilly. Une fois pour toutes, j'assume la responsabilité de ce que j'ai dit et de ce que j'ai fait : je puis m'être trompé dans mes prévisions, mais je tiens à ce que ma bonne foi soit reconnue complète et mon honorabilité intacte.

M. MARTIN. — Je n'ai jamais douté une seule fois de la bonne foi de M. Peyron, je l'ai déjà dit du reste devant M. le Juge d'instruction de la Seine; mais j'affirme, d'autre part, que M. Gilly m'avait donné des instructions formelles pour arrêter la publication de l'ouvrage, que j'ai transmis ces instructions à M. Peyron et que ce dernier a passé outre.

M. Peyron. — Le soir, en tous cas; le matin je m'étais conformé aux ordres de M. Gilly. Je reconnais ne pas avoir communiqué à M. Gilly le texte de la lettre écrite en commun par Chirac et moi à Savine. J'en ai parlé le lendemain à M. Gilly. Je reconnais encore qu'il n'a pas approuvé les termes de cette lettre et qu'il m'en a paru très ennuyé; mais pouvais-je faire autrement que j'ai fait, en présence des embarras financiers dont j'ai parlé si souvent?

M. Martin. — Lorsque nous sommes venus à parler de cette lettre, vous m'avez déclaré qu'il fallait absolument que le livre parût, vous avez en quelque sorte imposé sa publication à M. Gilly en ajoutant, il est vrai, que les engagements pris avec l'éditeur ne permettaient pas de faire autrement et que, du reste, il n'y avait rien à craindre.

M. Peyron. — M. Gilly pouvait être déclaré en faillite pour 2,000 francs, me disait-il (somme à payer tout de suite aux membres de la Commission du budget). Il était hésitant et se lamentait, j'ai pris ses intérêts malgré lui; s'il avait voulu que j'agisse autrement, il fallait qu'il me donnât de l'argent pour payer les témoins, et encore je ne parle pas de l'éditeur.

Il fallait donc que le livre parût et *je l'ai fait paraître.*

Lecture faite, persistent et signent.

Signé : Élie Peyron.
Signé : Marius Bernès.
Signé : Pepin.

Interrogatoire.

L'an mil huit cent quatre-vingt-neuf et le dix-neuf janvier.

Par devant nous, Marius Bernès, juge d'instruction de l'arrondissement de Nîmes, assisté du commis-greffier soussigné,

Procédant en vertu d'une commission rogatoire de notre collègue de la Seine, en date du 14 courant, a comparu sur notre invitation l'individu ci-après dénommé, à l'interrogatoire duquel nous avons procédé comme suit : sur nos interpellations l'inculpé a dit s'appeler Peyron (Élie-Scipion), déjà interrogé, qui déclare :

Je désire compléter les explications que je vous ai déjà fournies et vous remettre les documents dont vous m'avez fait la demande.

Ayant écrit à M. Savine que j'avais informé M. Gilly de l'envoi des 3,000 francs, j'ai dû, pour me couvrir vis-à-vis de l'éditeur, produire le reçu que m'a delivré M{^{lle}} Gilly.

Ce n'est pas là, comme on a pu le croire, une habileté de ma part, pour arracher par surprise une adhésion au contre-ordre que j'avais donné; j'ai dit que c'était une pure formalité dont je ne veux maintenant tirer aucune conséquence contre M. Gilly. Aussi bien, ce n'est qu'après coup et sur les conseils de ma famille, que j'ai indiqué cette pièce à la justice afin d'être absolument dégagé de tous les soupçons de spéculation personnelle.

Mais M. Gilly va plus loin, il va jusqu'à dire qu'il croit qu'un traité secret a dû intervenir entre MM. Savine, Chirac et moi, après le 18 novembre (car pour le passé je me suis expliqué sur la connaissance qu'avait eue M. Gilly sur la préparation du livre et de la ratification complète de tout ce qui avait été exécuté par ses collaborateurs et l'éditeur), je suis obligé de nouveau, pour défendre mon honorabilité, de prouver que mon client a considéré comme moi que le livre avait bien paru pour son compte et profit et que la pensée que je m'étais substitué à lui dans nos rapports avec l'éditeur, ne lui est venue qu'à Paris, quand il a écrit à M. Laguerre, le 9 décembre.

J'ai cité, au cours de mes interrogatoires, ma lettre à Savine du 7 décembre, où je lui dis expressément :

« *Je n'ai pas à me substituer à M. Gilly,* mais il me paraît impossible qu'il ne lui revienne pas encore quelques milliers de francs. »

Voilà la copie d'une lettre que Mlle Gilly a écrite à Chirac le 26 novembre, et que je trouve dans le *Figaro* du 26 décembre, que je vous remets.

« *Lettre du 26 novembre de Mlle Gilly à M. Chirac :* « J'ai bien reçu hier, dans l'après-midi, le paquet de volumes que vous avez bien voulu m'envoyer, mais mon père a été fort colère lorsqu'il a vu sur la couverture *de son volume* ceci : *la Fin d'un Monde,* de Drumont; plus l'extrait d'un passage de ce volume le plus violent; il pense (avec raison) que l'éditeur s'est joué de sa bonne foi et a voulu exploiter la situation, et moi-même je m'étonne fort, étant donné que vous étiez sur les lieux, que vous n'ayez pas fait arrêter vous-même l'impression. »

Voici un extrait d'une lettre adressée par M. Gilly à M. Chirac, à la date du 1er décembre, que je trouve également dans le même *Figaro.*

Lettre de M. Gilly à M. Chirac (cette lettre, je ne l'ai ni écrite ni inspirée, on y lit ce qui suit) : « Et maintenant que l'autorisation des poursuites est accordée, que pense faire M. Savine? Puis, quelles sources disponibles avons-nous pour faire face aux frais très considérables que tous ces procès semblables vont nous occasionner? » Signé : GILLY.

» *P. S.* — Mes amitiés à M. Savine, à qui je vous prie de communiquer cette lettre ».

J'appelle votre attention sur le *Post-scriptum* . « Mes amitiés à M. Savine, à qui je vous prie de communiquer cette lettre. »

Dans le *Petit Méridional* du 26 décembre, que je vous remets, je lis, dans un interwiev de M. Savine, ceci : J'ai entre les mains une lettre du 28 novembre écrite par sa fille et signée de lui.

Le livre est annoncé en tête du numéro du 22 novembre de l'*Union des Travailleurs*, dont M. Gilly est directeur politique ; je vous remets ce numéro.

Dans le numéro du 28, que je vous remets, j'écrivais : « Nous n'ignorons pas le plan de nos ennemis ; ruiner l'honnête homme qui les a démasqués, l'abreuver de dégoûts et de douleurs, jusqu'à ce que, meurtri, épuisé, il s'affaisse sur ce triste calvaire qu'on veut lui faire gravir. »

Enfin, dans sa lettre au Président de la Chambre et au Garde des sceaux (contenue dans l'*Union* du 1er au 3 décembre, que je vous remets), M. Gilly accepte la responsabilité et la paternité du livre ; ne dit pas qu'un autre que lui doive recueillir le bénéfice de l'ouvrage, doit supporter les risques de cette publication, et ne pense pas à ce moment qu'un traité existait secrètement entre l'éditeur et moi. On avait assez publiquement écrit le contraire.

Voilà ce que j'ai à répondre à l'accusation de M. Gilly. Ce double jeu de ma part serait une infamie dont il me sait incapable.

Et maintenant, que s'est-il passé à Paris entre le 6 et le 9 décembre ?

M. Gilly seul peut le dire.

Je veux encore ajouter un mot. A côté de la ratification matérielle de mon contre-ordre du 18 novembre qui, je crois, a été pleine et entière, il y a la ratification morale. Je n'estime pas que cette dernière existe suffisamment de la part de M. Gilly. Je dois dire, ce que je pourrais cacher pour ma défense, que M. Gilly a toujours été très ennuyé de la publication de l'ouvrage, que ce n'est qu'à regret qu'il en a accepté de nouveau la paternité, et je dois reconnaître que j'aurais dû prévoir, avant de donner le contre-ordre, les procès qui allaient surgir ; mais des ouvrages comme ceux de Drumont n'ayant pas été poursuivis, je ne pensais pas qu'on relèverait ce qu'il y a dans *Mes Dossiers,* je me suis trompé. Mais M. Gilly me disant qu'il n'avait pas un centime pour payer les témoins, et encore moins pour désintéresser l'éditeur de tous les frais, *j'ai pris sur moi de procurer à mon client la seule source de recettes que nous avions prévues: le revenu de ses droits d'auteur.*

Lecture faite, persiste et signe.

Signé : Élie PEYRON.
Signé : BERNÈS.
Signé : PEPIN.

Lettre adressée à M. Lascoux, Juge d'instruction à Paris, par l'inculpé Peyron, datée de Nîmes, le 26 janvier 1889, formant le complément des interrogatoires subis par le sieur Peyron, à Nîmes, par suite des commissions rogatoires des 14 et 16 janvier.

Nîmes, le 6 janvier 1889.

MONSIEUR LE JUGE D'INSTRUCTION,

Dans un interrogatoire, qui a été suivi d'une confrontation avec moi, M. Numa Gilly a paru me reprocher de l'avoir mis en rapport avec M. Chirac. Je tiens à m'expliquer sur ce point.

J'espère que dans le procès qu'il a intenté aux journaux qui ont reproduit son jugement de Marseille, M. Chirac prouvera qu'il a été victime d'une erreur et d'une conspiration de famille. Les lettres qu'il m'a communiquées tenderaient à établir sa probité privée. Jusqu'à preuve du contraire, je le crois honnête.

Au surplus, M. Gilly et moi ignorions ce jugement, quand M. Chirac s'est occupé du procès de Nîmes et de la publication du livre.

Si je ne me trompe, M. Daumas, conseiller municipal de Paris, qui avait M. Chirac pour son secrétaire, lors de mon voyage à Paris dont j'ai parlé, ignorait lui-même cet événement. Des étrangers comme nous pouvaient ne pas le connaître. M. Gilly avait, dès le début de son affaire, pensé à M. Chirac comme un des principaux témoins qu'il voulait faire citer. Auteur des *Rois de la République de l'Agiotage,* de la *Haute Banque* et *les Révolutions,* rédacteur apprécié de la *Revue socialiste,* que dirige notre respecté ami Benoit Malou, M. Chirac, ami de Camélinat, d'Antide Boyer, était tout indiqué à M. Gilly pour nous aider à rechercher les preuves des actes que ce dernier avait dénoncés à Alais.

J'apporte la preuve de ce dire; cette preuve faite, il ne sera plus permis d'avancer qu'arrivé à Paris, je me suis mis spontanément en rapport avec un homme que M. Gilly apprécie aujourd'hui si sévèrement.

M. Gilly avait prié M. Chirac de voir M. Camélinat pour que ce dernier allàt à Londres chercher des documents. M. Camélinat étant absent, M. Chirac télégraphia à M. Émile Martin : « Ami toujours absent. — Cause retard. — Lettre suit. — Signé : Auguste. » C'est le prénom de M. Chirac.

M. Martin a apporté la dépêche à M. Gilly. J'ai cette dépêche. Au défaut de M. Camélinat, M. Gilly pensa à son autre ami, M. Boyer. C'est à ce propos que M. Chirac envoya cette autre dépêche : « Reçois votre lettre. —

Je vous confirme énergiquement ma lettre-autographe. — Aucune substitution possible. — Venir en personne. — Signé : Auguste. »

C'est sur cette dépêche que M. Gilly me dit : « Vous le voyez, il faut vous décider à y aller vous-même. »

J'insiste sur ces faits, d'abord pour prouver que M. Gilly avait songé à faire de M. Chirac la cheville ouvrière de sa défense, ensuite parce que mes longues hésitations à aller à Paris et à Londres prouvent que je n'avais pas les ressources nécessaires pour faire ce grand voyage et que, connaissant l'esprit d'économie de mon client, je savais qu'il faudrait m'imposer un sacrifice personnel. Ces hésitations sont-elles le fait d'un homme qui dispose d'un gros crédit chez les banquiers ?

Dans une lettre du 7 novembre, pendant que le livre se faisait à Paris, M. Gilly m'écrivait (j'ai sa lettre) : « C'est sur l'avis de notre ami, A. Ch., que nous avons télégraphié d'avoir à assigner le directeur de la Banque d'Indo-Chine. »

Dira-t-on que j'ai empêché ici, à Nîmes, M. Gilly de protester contre la publication de son livre? Peut-on avancer avec vérité, comme on l'a écrit, que je l'aie en quelque sorte chambré et séparé de ses autres amis?

Alors pourquoi, étant arrivé à Paris le 7 au matin, n'a-t-il désavoué l'ouvrage que par une lettre du 9 au soir.

Je lis dans le *Figaro* du 27 décembre 1888, sous la signature. C. C. (M. Chincholle) :

« Si M. Gilly est vraiment en droit d'accuser M. Savine d'avoir extorqué son nom, il avait, le 7 décembre, une belle occasion de le faire savoir au public. »

Ce jour-là, j'allais mettre le journal à sa disposition, j'aurais inséré tout ce qu'il aurait voulu. Or nous n'avons cessé, l'un et l'autre, de parler de *Mes Dossiers* comme si cet ouvrage était de lui.

Le 8 décembre, M. Gilly, qui était à Paris depuis vingt-quatre heures, me télégraphie (j'ai cette dépêche) : « Expédiez de suite assignation Lalande et tous autres papiers urgents à mon adresse. — Signé : Gilly ».

Le 8 au soir, je lui expédiais sous le nom : « Mariundo, gérant de l'Hôtel de France » une lettre recommandée dans laquelle j'envoyais à M. Gilly ce qui lui était nécessaire pour répondre devant MM. les Juges d'instruction d'Alby et de Bordeaux. Que s'est-il passé du 8 au 9? Je l'ignore.

A la date du 26 décembre dernier, je recevais de Paris une dépêche signée de deux personnes de l'entourage de M. Gilly; elle était conçue en ces termes : « Apprenons que vas envoyer lettre à presse. — Garde-t-en.

8

— Connaissant toute vérité, t'adjurons partir premier train. — Venir Paris apprendre ce qu'ignores. — Signé : *Audibert, Auméras.* »

M. Audibert est rédacteur de *L'Union des Travailleurs* et M. Auméras, conseiller municipal.

Si M. Gilly pense que j'ignore quelque chose d'important et m'écrit sur ce ton amical, comment a-t-il pu soupçonner mon honorabilité?

Au surplus, si M. Gilly croyait que je m'étais trompé, il sait bien que j'étais prêt à réparer mon erreur. Tout valait mieux que cette inexplicable lettre à M. Laguerre.

Il est un point sur lequel il faut que je m'explique en finissant.

Devant M. le Juge d'instruction de Nimes, M. Gilly a déclaré que M. Chirac avait dit devant témoins que je lui avais écrit : « Gardez-vous de voir M. Gilly à Paris. »

Je me suis immédiatement inscrit en faux contre cette prétendue lettre. J'avais compris qu'il s'agissait d'une lettre que j'aurais écrite récemment.

Ce matin, en cherchant les documents dont j'ai l'honneur de donner copie plus haut, j'ai relu une lettre de M. Chirac, du 5 novembre, où je lis ceci : « J'ai pris bonne note de vos recommandations sur Thierry (Gilly). Mais, malgré vos craintes, je ne verrais pas grand danger à le rencontrer chez Joseph (M. Daumas, conseiller). »

Ce doit être à cette lettre qu'il est fait allusion. En voici le sens : M. Gilly à cette époque était filé par la police.

Comme je correspondais avec M. Chirac, que je lui envoyais des documents, qu'il m'écrivait des détails relatifs à la défense que je voulais tenir secrète, je craignais que si on le voyait avec M. Gilly on ne le fît surveiller à son tour et que certaines pièces ne vinssent à s'égarer. (Je demande pardon à M. le Juge de ces détails un peu familiers, mais il faut que je m'explique sans ambages.)

M. Chirac et M. Gilly sentaient si bien la nécessité de ces précautions que M. Gilly m'écrivait cinq jours après, le 10 novembre :

« Je suis mieux à Paris que partout ailleurs. M. Mariundo m'a donné une chambre en dehors de l'hôtel, où je ne vois personne.

» Des rendez-vous avec Desvillers (nom convenu pour désigner M. Chirac) ont lieu dans des maisons particulières et jamais au même endroit.

» Pour lui je m'appelle Ernest Franc. »

Monsieur le Juge voit que ce souci de prendre des précautions (souci fondé ou non) était commun à M. Chirac, à M. Gilly et à moi.

Je rappelle que c'est à ce moment, 8 novembre, que M. Chirac m'a écrit l'importante lettre contenant l'échange de lettres Gilly-Savine qui est, pour moi, la preuve de la ratification absolue de ce que j'ai fait à Paris et à Londres.

Je ne saurais trop répéter que je ne veux me dérober à aucune responsabilité, je lutte pour établir mon absolue probité et mon désintéressement complet.

Ce point reconnu par la justice, si j'ai eu tort de donner contre-ordre pour procurer à M. Gilly les ressources qu'il n'avait pas et lui éviter des dommages-intérêts qui le menaçaient, je me suis trompé par excès de dévouement et je suis prêt à expier mon erreur.

Recevez, Monsieur le Juge d'instruction, l'assurance de ma considération la plus respectueuse.

Signé : Élie PEYRON, *avocat à Nîmes.*

INTERROGATOIRE GILLY

Interrogatoire Gilly.

L'an mil huit cent, quatre-vingt-huit, le quatorze décembre,

Devant nous, Lascoux, juge d'instruction au Tribunal de première instance du département de la Seine, assisté de Crosnier, commis-greffier assermenté, en notre cabinet, au Palais de Justice,

Sur lettre de convocation, a comparu le ci-après nommé, à l'interrogatoire duquel nous avons procédé ainsi qu'il suit :

Enquis des nom, prénoms, âge, date et lieu de naissance, profession, demeure, état civil et de famille, l'inculpé Numa Gilly a répondu :

Profession de fabricant de futailles, âgé de cinquante-cinq ans, demeurant rue Saint-Gilles, 30, à Nimes, et résidant à Paris, cité Bergère, 2, né le 6 août 1834 à Sommières, arrondissement de Nimes, département du Gard, fils de François et de Marie Nauguier, marié, ayant trois enfants, jamais condamné.

D. — Vous êtes inculpé de complicité de diffamation pour avoir remis à l'éditeur Savine l'écrit intitulé *Mes Dossiers,* publié par lui depuis moins de trois mois, sachant qu'il devait être publié?

R. — Je suis disposé à répondre à toutes les questions spéciales qui découleraient de cette qualification.

D. — Tout d'abord, nous croyons utile de vous demander si vous reconnaissez avoir écrit à Mᵉ Laguerre la lettre datée de Paris, 9 décembre, commençant par ces mots : « Vous vous êtes certainement mépris » et finissant par « avec une grande amitié » et signée : GILLY, dont nous vous donnons lecture.

R. — Oui, j'ai écrit cette lettre à Mᵉ Laguerre.

D. — Il en résulte notamment que le livre *Mes Dossiers* ne serait pas de vous, et qu'à l'annonce de sa publication vous avez, de Nimes, le 18 novembre dernier, télégraphié à M. Savine pour lui enjoindre de ne pas faire paraître ce volume?

R. — Oui, c'est bien cela. J'ajoute que le télégramme du 18 novembre portait ma signature et aussi celle de M. Chirac.

D. — Il serait nécessaire de préciser la situation que vous entendez prendre vis-à-vis de M. Savine.

Expliquez-vous.

R. — Quelque temps après mon discours d'Alais, je fis connaissance à Paris avec M. Chirac qui me présenta M. Savine. Dans l'entretien, le seul que j'aie eu avec M. Savine, il fut convenu que j'allais préparer un certain nombre de documents qui, sous forme de livre, seraient publiés par M. Savine et mis en vente aussitôt après mon procès de Nîmes dont il était déjà question. On ne détermina nullement le titre qu'aurait le livre; il ne fut pas dit que mon nom figurerait sur le livre; il fut seulement entendu : 1° que rien ne serait publié sans que j'eusse vu les épreuves; 2° que je ne toucherais aucun droit d'auteur; 3° qu'en cas de bénéfice sur la vente du volume, l'argent ainsi obtenu serait envoyé à mon journal *l'Union des Travailleurs,* qui s'en servirait pour payer les frais de mon procès de Nîmes. Ce fut tout. L'entretien avait eu lieu chez une personne dont je désire taire le nom. Depuis, je n'ai pas revu M. Savine.

J'ajouterai que le télégramme du 18 novembre, visé dans ma lettre à M. Laguerre, constitue la seule communication que j'aie faite à M. Savine depuis notre unique entrevue.

Je ne lui ai donc jamais écrit de lettre, et par suite, celle qui est publiée aux pages vii et viii du livre *Mes Dossiers*, comme adressée par moi à M. Savine, n'est pas mon œuvre; jamais je n'ai chargé personne de l'écrire pour moi. Si on la produit, je déclare d'avance qu'elle est fausse, je déclare aussi n'avoir jamais reçu la lettre en date du 5 novembre 1888, que m'avait adressée M. Savine, et qui est imprimée aux pages v et vi de *Mes Dossiers.*

Rentré à Nîmes, je vis mon avocat et ami, Me Peyron, je lui parlai du projet de publication dont il avait été question à Paris entre M. Savine, M. Chirac et moi, et je lui remis certains documents destinés à être publiés.

Je dois même faire connaître que M. Peyron était déjà au courant de mon entrevue à Paris avec M. Chirac et M. Savine, et même que c'était à son instigation que cette entrevue avait eu lieu.

Je n'ai jamais remis de documents ni à M. Chirac ni à M. Savine; je n'en ai donné qu'à M. Peyron, en le chargeant de s'occuper, de concert avec M. Chirac et M. Savine, de leur publication.

Quels documents lui ai-je ainsi remis?

Je n'en ai gardé aucune note et mes souvenirs ne me permettent pas de préciser les pièces que M. Peyron reçut ainsi de ma main.

Sachant cependant que vous m'appeliez aujourd'hui pour m'interroger spécialement sur la plainte de M. Raynal, j'ai suffisamment réfléchi pour pouvoir affirmer que, parmi les documents que reçut de moi M. Peyron, il y en avait concernant M. Raynal; mais par exemple, il n'y en avait pas concernant M. Andrieux ou Mᵐᵉ Allemand, voilà ce que je puis affirmer.

Quoi qu'il en soit, le procès de Nîmes eût lieu les 17 et 18 novembre, sans que j'eusse encore reçu communication des épreuves d'impression du livre en préparation. Or, le matin de la deuxième audience (18 novembre), j'appris par M. Chirac, à ma complète stupéfaction, que le livre projeté était presque entièrement imprimé; mais qu'il ne serait publié qu'après la fin du procès de Nîmes, parce qu'on voulait y joindre le compte rendu *in extenso* des audiences; et Chirac ajouta qu'il y aurait là dedans des documents très compromettants pour M. Andrieux. Je me récriai, faisant observer que je n'avais rien à dire contre M. Andrieux; qu'aucune accusation contre lui ne devait paraître sous mon patronage, et qu'en tout cas, la publication ne pouvait avoir lieu, puisqu'on m'avait tenu étranger à la confection du livre, alors que, tout au contraire, d'après nos conventions, les épreuves devaient toutes m'être soumises, et que j'étais juge de l'opportunité des publications.

Là-dessus, M. Chirac et M. Peyron, qui, lui aussi, était présent, firent des observations que je ne saurais plus rapporter; je les ai oubliées...

J'étais alors bien surexcité.

Diverses personnes entendirent, du reste, les observations alors échangées entre ces messieurs et moi; je citerai M. Allemand, conseiller municipal à Nîmes; M. Pascal Lucien, ex-adjoint au maire de Nîmes; M. Delboy, conseiller général de la Gironde, etc.; on pourrait, au besoin, les consulter.

Finalement, il fut convenu qu'un télégramme allait être expédié à M. Savine pour lui interdire de publier le volume. Ce télégramme, dont j'oublie le texte exact, fut écrit, sous dictée commune de M. Chirac et de moi, par un de nos amis, M. Émile Martin, menuisier à Nîmes, rue Grétry. Il le signa: CHIRAC-GILLY, sur la demande de M. Chirac et sur la mienne, et le porta lui-même au bureau du télégraphe. C'est ce télégramme qui est rappelé dans ma lettre du 9 décembre à M. Laguerre.

Plus tard, ce même jour 18 novembre, sur ma demande, MM. Chirac et Peyron durent écrire à M. Savine une lettre confirmative du télégramme;

et, le soir, ils m'assurèrent tous deux que cette lettre, dont le texte ne fut pas porté à ma connaissance, était partie pour Paris.

Si je me suis bien fait comprendre, vous savez maintenant que je ne suis pas du tout l'auteur du livre *Mes Dossiers,* qu'on a publié sous mon nom et sans mon assentiment.

Vous me demandez si j'accuse MM. Savine, Chirac et Peyron de s'être concertés pour confectionner ce livre et le publier ensuite malgré moi?... Que voulez-vous que je vous dise?... J'ai été roulé... D'autres ont pu être roulés dans cette affaire, comme moi.

D. — Qui, par exemple? M. Savine?

R. — Peut-être; c'est en partie mon avis.

D. — Que pensez-vous du rôle de MM. Chirac et Peyron?

R. — M. Peyron a bien pu être roulé aussi; c'est un honnête garçon.

D. — Reste alors M. Chirac?

R. — Eh bien, il me disait encore ces jours-ci : « Mais je n'ai eu aucun intérêt dans la publication de ce livre! »

D. — Cependant, vous parlez de personnes roulées; montrez-nous le « rouleur » ?

R. — Je ne suis pas bien fixé, mais je dois vous parler maintenant d'un certain M. d'Alavène qui, d'après une lettre que je vous dépose (avec son enveloppe), qu'il m'a écrite de Londres le 10 courant, ne me paraît pas étranger à la publication du livre, et qui prétend avoir qualité pour réclamer à Savine des droits d'auteur à propos de *Mes Dossiers.*

Dans cette lettre, d'Alavène écrit au sujet du chapitre de *Mes Dossiers* allant de la page 163 à la page 168, intitulé: *Note confidentielle n° 2,* et relatif à Mme Allemand : « Pourquoi M. Chirac a-t-il publié la *Note n° 2,* qui ne lui avait été remise qu'à titre de document curieux, quand il avait entre les mains d'autres pièces bien plus importantes? J'envoie à ce sujet à M. Savine une note que je le prie de vous communiquer. »

D'après ce passage, M. Chirac aurait bien fourni à M. Savine la *Note n° 2,* mais il l'aurait lui-même reçue, à ce qu'il semble, de d'Alavène.

Dans la même lettre, en *Post-scriptum,* on lit encore : « M. Savine ne m'a encore fait remettre que 750 francs sur mes droits d'auteur, etc..., je lui écris aujourd'hui pour le prier de vouloir bien me les compléter. »

J'imagine que les droits d'auteur en question sont afférents au livre *Mes Dossiers.*

Jamais je n'ai vu ce d'Alavène, qui m'écrit « Mon cher député ». J'avais bien entendu dire à Nîmes, par M. Chirac, que celui-ci avait fait venir de

Londres certains documents envoyés par d'Alavène, pour les imprimer dans le livre dont la publication était projetée, mais je n'avais pas su quels étaient ces documents.

Je ne m'en préoccupai pas autrement à cette époque, puisque, ainsi que je l'ai expliqué, rien ne devait être, en fin de compte, publié sans m'avoir été soumis.

D. — Nous vous rappelons notre question. Quelle situation entendez-vous prendre vis-à-vis de M. Savine?

R. — Je suis très embarrassé. Je ne l'ai vu qu'une fois pendant quelques minutes, le jour où eurent lieu nos conventions verbales au sujet d'un livre à publier..... Je lui laisse toute la responsabilité au sujet de la publication de *Mes Dossiers*. Mon télégramme du 18 novembre prouve que mon intention formelle était d'empêcher la publication, justement parce qu'on m'avait tenu étranger à la confection du livre. Il n'y a aucun argument à tirer contre moi des deux lettres publiées dans *Mes Dossiers,* aux pages v à viii, car, encore une fois, la première ne m'est pas parvenue, et la seconde je ne l'ai pas écrite. L'enquête pourra faire la lumière sur tout ce qui se rapporte à ces deux lettres dont la seconde est fausse.

D. — D'après vos premières conventions, les bénéfices résultant de la vente du livre devaient profiter à votre journal *l'Union des Travailleurs*, ou du moins être employés seulement à l'acquittement des frais que pouvait nécessiter votre procès à Nîmes. Eh bien! y a-t-il eu de l'argent envoyé dans ces conditions par les soins de M. Savine?

R. — Je ne suis pas bien renseigné à cet égard. Il faudrait, pour le savoir, s'adresser à M. Allemand, conseiller municipal à Nîmes, membre trésorier du comité du journal.

D. — Par votre lettre du 9 décembre à M. Laguerre vous protestez contre la publication de *Mes Dossiers.* Ne pourrait-on pas vous dire que vous vous y êtes pris bien tard? Le livre, croyons-nous, a été mis en vente dès le 21 novembre. Dès le 18 novembre, déclarez-vous, vous adressiez à M. Savine, par télégramme, la défense de publier. Pourquoi avoir attendu jusqu'au 9 décembre, c'est-à-dire dix-neuf ou vingt jours, pour protester publiquement?

R. — Je déclare qu'après la date de la mise en vente du livre, je suis resté pendant huit ou dix jours sans lire ce livre. Personne ne me l'avait envoyé; on m'avait bien dit qu'il était en vente, mais j'imaginais que, puisque malgré ma protestation télégraphique l'éditeur avait cru pouvoir le publier, il fallait qu'en définitive le volume ne contînt que les documents remis à M. Peyron par moi-même.

9

Puis le volume me tomba entre les mains, et je fus indigné de constater l'abus qu'on avait fait de mon nom, alors surtout que j'avais protesté.

Cependant, comme une grosse part de responsabilité me semblait incomber, dans tout ceci, à mon ami M. Peyron, j'entendais agir avec toute la prudence possible ; je voulais, avant de lancer une protestation publique, m'entourer cette fois de renseignements absolument sûrs : je voulais savoir, si possible, quel rôle avaient joué dans tout ceci MM. Peyron, Chirac et Savine ; or, il me fallait encore six ou huit jours pour cette enquête, qui, je dois le dire, fut d'abord retardée par mon mauvais état de santé. Enfin, je vins à Paris, où je ne trouvai pas M. Savine, parce qu'il était, me dit-on, à Albi ; sans avoir causé avec lui je ne pouvais pourtant aboutir à rien. Cependant, je reçus la lettre par laquelle M. Laguerre me refusait son assistance comme avocat. C'est alors que, pour en finir, je me décidai à livrer à la publicité ma réponse à M. Laguerre, réponse dans laquelle je publiais ma protestation contre la publication de *Mes Dossiers*.

Aux personnes qui trouveraient que j'ai mis le temps, je répondrais que j'ai tenu à bien réfléchir avant de protester. Je voyais au bout de tout cela des désagréments possibles pour M. Peyron, mon ami : j'aurais désiré les lui épargner.

D. — Maintenant que vous avez lu *Mes Dossiers*, pouvez-vous dire de qui est ce livre ?

R. — Il y a là quelques documents (notamment ceux où il est question de M. Raynal) que j'avais remis à M. Peyron. Je sais maintenant que M. d'Alavène s'était mis en rapport avec M. Chirac et qu'il lui a communiqué des documents (notamment celui relatif à Mme Allemand) qui figurent dans le livre ; je sais aussi que ce d'Alavène prétend à des droits d'auteur et en a déjà, d'après sa lettre, touché. — D'où il suit que le livre serait une compilation de documents (dont plusieurs ne m'étaient pas connus) fournis par MM. Peyron, Chirac et d'Alavène.

Mais bien que, je le répète encore, cette publication ait eu lieu contre ma défense, j'accepte la responsabilité qui peut découler de la publication de certains documents, notamment de ceux qui se réfèrent à M. Raynal.

D. — Ceci nous amène à vous interroger maintenant sur les passages du livre qui font l'objet de la *plainte de MM. Raynal et Villette*.

D'abord, on relève une diffamation dans les deux extraits de lettres imprimées dans *Mes Dossiers*, de page 149 à page 151, la dernière de ces lettres se terminant par : « Il n'y a pas de bourgade plus mal éclairée. »

Dans ces lettres, on impute à M. Raynal d'avoir édifié sa fortune en abusant de l'influence que lui donnait sa situation de député et de conseiller général, pour faire contracter à la municipalité de Bordeaux un traité très désavantageux pour elle, avec une Compagnie qui concédait en retour à la maison de commerce à laquelle appartient le plaignant une fourniture de houille à des conditions si favorables, que ce dernier réalisait de ce chef un bénéfice annuel de 400,000 fr. Il est allégué, en outre, qu'à propos de cette affaire, des pots-de-vin auraient été touchés par diverses personnes et que M. Raynal *a dû y faire son beurre?*

R. — J'accepte la responsabilité de tout ce qui est allégué sur M. Raynal dans ces deux extraits de lettres.

D. — On relève une autre diffamation dans les allégations relatives à la fourniture des *pavés de Bordeaux,* contenues dans un autre extrait de lettre imprimée dans *Mes Dossiers,* de page 151 : « il y a environ trois ans... etc. » à page 153 : « fermeture générale de nos fabriques ».

Là, on impute à M. Raynal d'avoir obtenu de ses collègues en politique et de la municipalité bordelaise et ce, au préjudice des industries locales qu'il aurait ainsi ruinées, la fourniture, à des prix supérieurs aux précédentes adjudications, des pavés céramiques destinés au pavage de la ville, pavés qu'il fait venir de l'étranger, et d'avoir ainsi gagné 100,000 fr. au bas mot?

R. — J'accepte encore la responsabilité de tout ceci.

D. — A propos des *Conventions,* un extrait de lettre est encore publié à la page 154 de *Mes Dossiers,* et on y relève une nouvelle diffamation à l'égard de M. Raynal, représenté comme ayant sacrifié, quand il était ministre, les intérêts du commerce à ceux des financiers dont il s'était fait le champion, par une condescendance due à l'oubli de quelques liasses de billets de banque sur le manteau de sa cheminée.

R. — Je déclare avoir reçu une lettre signée d'un nom honorable, dans laquelle se trouvait tout ce qui est imprimé à la page 154 de *Mes Dossiers.* Je reconnais avoir remis à M. Peyron une copie de certains passages de cette lettre, et ce dans le but que ce document figurât dans le livre dont on devait me soumettre les épreuves. — Quant à l'original de la lettre, il est en ma possession, je le produirai quand on voudra. Je vous le remettrais même maintenant si je l'avais sur moi. Je me propose de faire entendre comme témoin le signataire de cette lettre; c'est convenu avec lui; mais je tiens à déclarer expressément que, quant à moi, je ne puis assurer que l'histoire des liasses de billets de banque oubliées sur la cheminée de M. Raynal soit authentique. J'en laisse la responsabilité à l'auteur de la lettre qui s'expliquera.

D. — Enfin, en ce qui concerne M. Raynal, on relève des diffamations contre lui dans un extrait de lettre imprimé dans *Mes Dossiers,* de page 154 : « Permettez-moi » à page 155 : « Les Constans, les Raynal, les Rouvier, les Étienne..... etc. »

Là, M. Raynal est mis au nombre des coquins, vrais flibustiers de la politique qui seraient à la Chambre et au Sénat et qui, pouvant disposer des places, contenteraient le troupeau du Marais composant la majorité parlementaire, en casant fils, neveux, etc., et qui, à l'aide de la complicité passive de ce troupeau, puiseraient à pleines mains dans les millions de la nation.

R. — Les divers extraits de lettres dont vous m'avez parlé jusqu'à présent, je les avais bien remis à M. Peyron en vue de la publication du livre projeté, dont j'ai d'ailleurs défendu la publication à la date du 18 novembre; mais quant au document dont vous me parlez à présent, je ne l'ai connu que par la lecture de *Mes Dossiers.* — Je n'en accepte pas la responsabilité. J'ignore par qui il a été fourni.

D. — Passons maintenant à la plainte de M. *Villette.* Elle est basée sur le document dont nous avons déjà parlé à propos de M. Raynal. On le trouve dans *Mes Dossiers,* de page 150 : « Demandez au député Raynal », à page 151 : « Pas de bourgade plus mal éclairée. »

Là, il est allégué qu'à l'occasion de la concession de la fourniture et du transport de charbons à la Compagnie du Gaz de Bordeaux, M. Villette, alors premier adjoint au maire de cette ville, aurait *reçu de fameux pots-de-vin, car, avec cette affaire, il aurait gagné son cautionnement pour la recette générale qu'il occupe toujours.*

R. — J'ai remis à M. Peyron l'extrait de lettre qui, malgré ma protestation du 18 novembre, a été imprimé pages 150-151 de *Mes Dossiers.* Je possède l'original de cette lettre, comme aussi les originaux des autres lettres dont vous m'avez parlé. Je me propose de faire citer comme témoins les auteurs de toutes ces lettres. En ce qui concerne les pots-de-vin payés à feu Fourcand ou à M. Villette, je ne sais rien personnellement; mais l'auteur de la lettre dont j'ai fourni un extrait prétend avoir la preuve de ces paiements.

D. — En attendant, les publications ne paraissent pas avoir eu lieu par le fait des signataires des lettres dont vous avez fourni des extraits.

R. — C'est vrai; mais je crois tout de même que ces personnes-là sont responsables. J'insiste encore sur cette considération majeure : que je ne suis pas l'auteur du livre et qu'il a été publié sans mon autorisation, même en ce qui concerne certains documents, dont je suis disposé à accepter la responsabilité.

Lecture faite, l'inculpé a refusé de signer, tout en reconnaissant que le procès-verbal était très exact.

Signé : LASCOUX.
Signé : CROSNIER.

L'an mil huit cent quatre-vingt-huit, le dix-sept décembre,

Devant nous, Lascoux, juge d'instruction au Tribunal de première instance du département de la Seine, assisté de Crosnier, commis-greffier assermenté, en notre cabinet, au Palais de Justice,

Spontanément a comparu le ci-après nommé, à l'interrogatoire duquel nous avons procédé ainsi qu'il suit :

Enquis des nom, prénoms, âge, date et lieu de naissance, profession, demeure, état-civil et de famille, l'inculpé Numa Gilly a répondu :

Vous m'avez invité à être présent demain à votre cabinet pour ma confrontation avec M. Savine. Je comptais produire au cours de cette confrontation des documents qui sont du plus haut intérêt pour ma défense et que je pensais avoir ici, mais je les ai vainement cherchés; ils sont restés à Nîmes et nul autre que moi ne serait en état de les retrouver là-bas dans mes papiers.

Dans ces circonstances, je viens vous demander d'ajourner la confrontation fixée à demain. Je désirerais partir ce soir même pour Nîmes.

Rigoureusement, et à la condition de passer deux nuits en chemin de fer, je pourrais être de retour à Paris le jeudi 20 courant, mais ce serait bien fatigant. De sorte que je souhaiterais ne pas être obligé à revenir ici avant le vendredi 21. Je vous serais donc reconnaissant de fixer au 21 décembre seulement ma confrontation avec M. Savine.

D'autre part, j'aurais un autre désir à exprimer; je voudrais que vous puissiez recevoir dès à présent les dépositions de MM. Émile Martin et Auméras, tous deux domiciliés à Nîmes, mais qui se trouvent de passage à Paris. Ces messieurs doivent repartir pour Nîmes après-demain. Ne pourriez-vous pas d'ici là les appeler?

Tous deux étaient présents lorsque M. Chirac m'apprit le 18 novembre, à Nîmes, que le livre projeté était presque entièrement imprimé et qu'il contenait des documents compromettants pour M. Andrieux. Or, il importerait à ma défense que ces messieurs pussent témoigner de l'attitude que j'eus alors, qu'ils pussent rapporter mes protestations.

M. Martin dirait en outre savoir ce qui s'est passé relativement au télégramme dont j'exigeai l'envoi à M. Savine, télégramme qui fut signé : CHIRAC-GILLY.

Enfin MM. Martin et Auméras déposeraient encore au sujet des propos que je tins à MM. Chirac et Peyron après l'envoi du télégramme ce même 18 novembre, alors que j'exigeais en outre qu'une lettre confirmative du télégramme fût adressée par ces deux messieurs à M. Savine.

Nous n'avons pas cru devoir refuser à l'inculpé l'ajournement qu'il sollicite en alléguant les intérêts de sa défense, et il a été convenu que la confrontation entre lui et M. Savine aurait lieu seulement le vendredi 21 décembre à une heure.

Quant aux deux témoins dont l'audition est demandée par l'inculpé, nous les inviterons à se présenter à notre cabinet demain 18 courant.

Lecture faite, a signé.

Signé : Lascoux.
Signé : Crosnier.
Signé : Numa Gilly.

L'an mil huit cent quatre-vingt-huit, le vingt et un décembre,

Devant nous, Lascoux, juge d'instruction au tribunal de première instance du département de la Seine, assisté de Crosnier, commis-greffier, assermenté, en notre cabinet, au Palais de Justice,

Sur mandat de comparution, a comparu le ci-après nommé, à l'interrogatoire duquel nous avons procédé ainsi qu'il suit :

Enquis des nom, prénoms, âge, date et lieu de naissance, profession, demeure, état-civil et de famille, l'inculpé Savine (déjà interrogé ce matin) a répondu :

D. — Nous vous donnons lecture d'un télégramme qui nous est communiqué à l'instant même, par le Parquet de la Seine, et d'où il résulte que votre présence à Montpellier, devant le juge d'instruction, est indispensable demain et que vous pouvez être présent à Montpellier, en quittant Paris ce soir?

R. — Je partirai ce soir pour Montpellier.

Lecture faite, a signé.

Signé : Lascoux.
Signé : Crosnier.
Signé : Savine.

L'an mil huit cent quatre-vingt-huit, et le vingt et un décembre,

Devant nous, Lascoux, juge d'instruction au Tribunal de première instance du département de la Seine, assisté de Crosnier, commis-greffier assermenté, en notre cabinet, au Palais de Justice,

Sur mandat de comparution, a comparu le ci-après nommé, à l'interrogatoire duquel nous avons procédé ainsi qu'il suit :

Enquis des nom, prénoms, âge, date et lieu de naissance, profession, demeure, état-civil et de famille, l'inculpé Gilly, subissant en ce moment un interrogatoire dans notre cabinet.

D. — Nous vous donnons lecture d'un télégramme, en date d'aujourd'hui, une heure vingt après-midi, que le Parquet de la Seine nous fait remettre à l'instant (quatre heures), par lequel le Parquet de Montpellier vous invite à comparaître, demain sans faute, devant notre collègue de Montpellier. Nous allons vous congédier dans un instant, afin qu'il vous soit possible matériellement de prendre ce soir le train de sept heures quinze, qui vous déposerait demain, avant midi, à Montpellier?

R. — Ce télégramme ne fait que confirmer celui que le Parquet m'a déjà fait notifier hier soir à mon hôtel. J'étais présent tantôt lors d'une notification analogue faite par vous à MM. Savine et Chirac, et je vous ai prié de télégraphier à Montpellier que, pour ma part, je ne quitterais pas Paris ce soir. Je vous ai dit que je me proposais de soulever une question d'incompétence et de provoquer la jonction de toutes les procédures commencées contre moi dans divers parquets. Je n'ai rien à ajouter. Je ne me rendrai pas à Montpellier.

Lecture faite, a signé :

Signé : Lascoux.
Signé : Crosnier.
Signé : Numa Gilly.

L'an mil huit cent quatre-vingt-neuf, le trois janvier,

Devant nous, Lascoux, juge d'instruction au Tribunal de première instance du département de la Seine, assisté de Crosnier, commis-greffier assermenté, en notre cabinet, au Palais de Justice,

Est comparu le ci-après nommé, à l'interrogatoire duquel nous avons procédé ainsi qu'il suit :

Enquis de ses nom, prénoms, âge, date et lieu de naissance, profession, demeure, état civil et de famille, l'inculpé a répondu : Gilly, déjà interrogé.

D. — Le 21 décembre dernier, au cours de votre confrontation avec Savine, celui-ci déposa la lettre signée *veuve* Vincent, dont nous vous donnons lecture et que nous vous représentons encore en ce moment. Vous répondîtes que vous ne connaissiez en aucune façon la veuve Vincent et que vous ne saviez pas ce qu'on voulait vous dire?

R. — Oui. C'est bien cela.

D. — Aujourd'hui, nous vous donnons lecture de la déposition de la veuve Vincent. Elle déclare bien ne pas vous connaître, mais, à l'entendre, après avoir vu dans un journal un avis invitant le public à vous fournir des renseignements sur les membres de la Commission du budget, elle vous écrivit, et ce le 15 septembre; et à sa lettre était annexé un découpage de *Petites Affiches* relatif à M. Andrieux et ce document serait précisément celui que nous vous lisons aux pages 110-111 de *Mes Dossiers*.

R. — Ce fut le 3 septembre qu'à Alais, je prononçai dans une réunion publique la phrase *sur les membres de la Commission du budget et les vingt Wilsons*.

A la suite de cela et sur la plainte de M. Andrieux, je fus traduit devant la Cour d'assises de Nimes. Mais, avant la date du procès (17 novembre), je reçus de toutes parts des monceaux de lettres contenant des renseignements, vrais ou faux, sur les députés et sur bien d'autres gens.

Je n'avais pas le temps de lire ces correspondances; je les remettais à mon avocat Peyron, qui les classait, et qui se chargeait de les utiliser au cas échéant. Là-dedans y eut-il une lettre de cette veuve Vincent? Je n'en sais rien. Est-ce que ce fut sur l'indication de cette dame qu'on connaît l'extrait des *Petites Affiches* relatif à M. Andrieux? Je n'en sais rien. Pour être renseigné à cet égard, il faut s'adresser à Peyron.

Je répète donc, comme le 21 décembre, que je ne connais pas la veuve Vincent, et que, si elle m'a écrit et envoyé le document imprimé plus tard, pages 110-111 de *Mes Dossiers*, je n'en ai aucun souvenir et que probablement je n'ai pas même eu sa lettre. Encore une fois, je ne suis pour rien dans la publication de *Mes Dossiers*.

J'ajoute que jamais je n'ai fait insérer dans aucun journal un avis du genre de celui qu'aurait lu la veuve Vincent. Je n'ai pas non plus connaissance que, sans mon assentiment, on ait publié quelque part un avis de ce genre.

Lecture faite, a signé. Signé : Lascoux.
Signé : Crosnier.
Signé : Numa Gilly.

L'an mil huit cent quatre-vingt-neuf, le neuf janvier,

Devant nous, Lascoux, juge d'instruction au Tribunal de première instance du département de la Seine, assisté de Crosnier, commis-greffier assermenté, en notre cabinet, au Palais de Justice,

Est comparu le ci-après nommé, à l'interrogatoire duquel nous avons procédé ainsi qu'il suit :

Enquis de ses nom, prénoms, âge, date et lieu de naissance, profession, demeure, état-civil et de naissance, l'inculpé a répodu : Gilly, déjà interrogé.

D. — Une première fois, le 21 décembre dernier, nous avons eu le regret de vous rappeler aux convenances pour n'avoir pas cru devoir nous prévenir de votre retour à Paris, alors que nous vous supposions à Nîmes. Aujourd'hui vous nous forcez encore à vous adresser de nouvelles observations sur un manque d'égards qu'il semble naturel d'apprécier avec une sévérité particulière.

Le 5 courant, conformément à l'engagement que vous aviez pris la veille, vous deviez vous tenir à notre disposition toute l'après-midi, à partir de une heure, ainsi que votre coinculpé Savine. A l'heure dite, vous étiez présents tous deux dans les dépendances de notre cabinet, et comme il nous fallut en ce moment aller au Parquet pour une communication urgente, nous eûmes soin de vous faire connaître par l'intermédiaire de votre propre avocat, qui s'entretenait alors avec nous, que nous ne pouvions vous recevoir avant une dizaine de minutes ; or, moins d'un quart d'heure après cet incident, étant revenu à notre cabinet, nous apprenions que vous vous étiez retiré sans rien dire. — Ne pouvant croire à un départ définitif, nous invitâmes le sieur Savine à attendre votre retour. L'attente dura jusqu'à trois heures et demie, heure à laquelle on nous remit de votre part un pli contenant, avec conclusions destinées à notre collègue de Bordeaux, une lettre de laquelle il semblait résulter que vous ne vous représenteriez pas, cette journée-là du moins.

En même temps, on nous déclarait que ce pli avait été déposé par vous-même entre les mains de notre garçon de bureau et qu'aussitôt après ce dépôt, vous vous étiez « sauvé » sans mot dire.

Plus tard, nous avons encore su que, malgré l'injonction formelle que nous vous avions adressée le 4 de rester à Paris à notre disposition jusqu'à nouvel ordre, vous aviez, le 5 au soir, pris le train pour Nîmes, d'où vous êtes revenu hier seulement, croyons-nous.

Ce sont là des manières d'agir que la justice ne peut laisser passer sans en signaler l'inconvenance.

En fin de compte, de tout cela il est résulté que, le 5 courant, le procès-verbal de votre confrontation avec Savine n'a pu être terminé, et que nous nous sommes trouvés, encore par votre faute, dans la nécessité d'interrompre des actes d'information qui sont attendus à Bordeaux et ailleurs avec impatience.

Pensez-vous que de telles façons d'agir servent même vos propres intérêts?

R. — Ma femme est malade à Nîmes; elle a eu une attaque la semaine dernière : j'avais reçu une dépêche m'informant de cette situation. Voilà pourquoi, le 5, je me suis retiré sans vous voir, et pourquoi, le soir même, j'ai cru devoir partir pour Nîmes.

D. — Il vous eût été, en tout cas, très facile d'entrer dans notre cabinet et de nous exposer cette situation, après nous avoir montré la dépêche dont vous parlez : c'est ce que vous n'avez pas fait.

Il était nécessaire qu'un procès-verbal de l'instruction contînt la constatation de tout ce que nous venons de dire. Mais en voilà assez sur ce chapitre. Il nous suffisait bien de marquer qu'une part de responsabilité vous incombe dans les retards que subit l'instruction des affaires multiples qui vous concernent.

R. — Je vous rappellerai que, le 4, je vous avais demandé l'autorisation de m'en aller à Nîmes.

D. — Oui; mais nous vous l'avons refusée.

Nous constatons que nous allons donner lecture à l'inculpé Gilly des procès-verbaux des 4 et 5 courant contenant sa confrontation avec Savine.

Il a reconnu que ces deux procès-verbaux étaient parfaitement exacts et que, notamment, ils contenaient bien l'exposé des observations qu'il a présentées.

Il a ajouté :

J'ai d'autres observations à présenter, et je me tiens à votre disposition pour les formuler.

D. — Elles auront leur place dans l'acte nouveau de confrontation entre Savine et vous. Nous vous invitons à vous présenter demain dans notre cabinet, à neuf heures du matin, pour qu'il soit procédé à ce supplément de confrontation.

R. — Je déférerai à votre invitation.

Lecture faite, a signé.   Signé : Numa GILLY.
                                            Signé : LASCOUX.
                                            Signé : CROSNIER.

Et, avant de se retirer, l'inculpé Gilly ajoute :

Au cours des discussions, on a argumenté sur certains télégrammes dont on rapportait le sens sans en fournir le texte. — Je pense que, dans l'intérêt général de la vérité et dans mon intérêt personnel aussi, il serait bon que tous les originaux de ces télégrammes fussent au dossier.

J'exprime donc le désir qu'on procède à la saisie de toutes les dépêches expédiées de Nîmes à Paris aux dates des 15, 16, 17, 18 et 19 novembre dernier, aux adresses : Savine, 18, rue Drouot ; Savine, 1, rue Chardin ; Respaud, 4, place du Trocadéro, et même Chirac, 10, faubourg Montmartre, et qui ont été lancées ou qui ont pu l'être avec les signatures suivantes : GILLY, CHIRAC, AUGUSTE, DUPLESSIS (*ces deux signatures* ayant été, paraît-il, employées quelquefois par Chirac), PEYRON et EUGÈNE FRANC ou FRANC (ces noms de Franc ou Eugène Franc ayant été, paraît-il, employés par Peyron pour les signatures de ses dépêches).

Lecture faite, a signé avec nous.   Signé : Numa GILLY.
                                     Signé : LASCOUX.
                                     Signé : CROSNIER.

L'an mil huit cent quatre-vingt-neuf, le neuf janvier,

Devant nous, Lascoux, juge d'instruction au Tribunal de première instance du département de la Seine, assisté de Crosnier, commis-greffier assermenté, en notre cabinet, au Palais de Justice,

Est comparu le ci-après nommé, à l'interrogatoire duquel nous avons procédé ainsi qu'il suit :

Enquis de ses nom, prénoms, profession, âge, date et lieu de naissance, demeure, état-civil et de famille, l'inculpé a répondu : Gilly, déjà interrogé.

D. — Vous avez à nous indiquer des témoins ou à nous fournir des documents pouvant justifier les allégations contenues dans *Mes Dossiers,* et au sujet desquels MM. Raynal et Villette ont porté plainte en diffamation.

R. — J'espère avoir démontré que je ne suis nullement responsable de la publication de *Mes Dossiers.* Mais si la justice en pensait autrement, je réserverais pour la Cour d'assises les témoignages ou les documents que vous me demandez en ce moment.

Je n'entends pas en dire davantage à l'instruction.

D. — Cependant, nous vous rappellerons ce que vous nous déclariez dans votre premier interrogatoire du 14 décembre (sixième feuillet, au verso) : Vous déclariez alors que vous possédiez la lettre originale dont un extrait est imprimé à la page 154 de *Mes Dossiers*, vous disiez : « L'original de cette lettre est en ma possession ; je le produirai quand on voudra, je vous le remettrais même maintenant si je l'avais sur moi. »

Avez-vous donc changé d'avis ? Et ne voulez-vous plus maintenant nous donner un document que, le 14 décembre, vous paraissiez prêt à verser au dossier ?

R. — D'abord, je ne l'ai pas ici; il est à Nîmes. Et puis, je crois qu'il est préférable pour ma défense que je conserve tous mes documents de preuve, de même que j'entends réserver pour la Cour d'assises, le cas échéant, tous mes témoins.

Lecture faite, a signé.

Signé : Numa GILLY.
Signé : LASCOUX.
Signé : CROSNIER.

L'an mil huit cent quatre-vingt-neuf, le quinze janvier,

Devant nous, Lascoux, juge d'instruction au Tribunal de première instance du département de la Seine, assisté de Crosnier, commis-greffier assermenté, en notre cabinet, au Palais de Justice;

Sur mandat de comparution, a comparu le ci-après nommé, à l'interrogatduquel nous avons procédé ainsi qu'il suit :

Enquis des nom, prénoms, âge, date et lieu de naissance, profession, demeure, état civil et de famille, l'inculpé a répondu : Gilly, déjà interrogé.

Sur interpellation (au sujet de la déposition de M. Raynal en date d'hier) :

Je reconnais avoir écrit à M. le Ministre de la Justice la lettre publiée dans le numéro de l'*Intransigeant* du 5 décembre dernier; j'ai écrit cette lettre de Nîmes entre le 30 novembre et le 3 décembre (je ne me rappelle pas au juste).

La phrase où j'écris : « *Les faits que j'ai dénoncés,* » ne se réfère nullement au livre *Mes Dossiers,* et par conséquent ne peut pas contenir un aveu de la paternité de ce livre.

A la date où j'écrivais cette lettre, je croyais savoir que les poursuites demandées contre moi à la Chambre visaient *seulement les paroles que j'avais prononcées à Alais le 3 septembre;* et en écrivant dans ma lettre « *Les faits que j'ai dénoncés* », je voulais dire : « Les faits que j'ai dénoncés *à Alais* le 3 septembre ». Je ne faisais nullement allusion au livre *Mes Dossiers.*

Il m'avait été rapporté à Nîmes que la Chambre avait été sollicitée de se prononcer sur la question d'autorisation de poursuites avant le 2 décembre, car après cette date, la prescription, paraît-il, aurait été acquise à mon profit, en dépit de toute autorisation de poursuites. A cause de ces considérations qu'on me rapportait à Nîmes, je devais donc croire forcément qu'il s'agissait pour la Chambre de se prononcer *uniquement par une autorisation de poursuites relatives au discours d'Alais.*

Dès lors, je le répète, ma lettre au Ministre de la Justice ne pouvait viser que mes paroles d'Alais.

Ce raisonnement est applicable à la lettre dont parle l'*Intransigeant* du 1er décembre, et que j'ai écrite en outre toujours de Nîmes à M. le Président de la Chambre.

En conséquence, il n'y a pas contradiction *entre ces lettres,* où je voulais seulement parler de mes paroles d'Alais en les maintenant, et *ma lettre du 9 décembre à Me Laguerre,* dans laquelle je répudie formellement la paternité de *Mes Dossiers.*

Lecture faite, a signé.

Signé : Numa GILLY.

Signé : LASCOUX.

Signé : CROSNIER.

L'an mil huit cent quatre-vingt-neuf et le dix-neuf janvier,

Par-devant nous, Marius Bernès, juge d'instruction de l'arrondissement de Nîmes, assisté du commis-greffier soussigné,

Procédant en vertu d'une commission rogatoire de notre collègue de la Seine, en date du 14 courant, a comparu en vertu d'un mandat de comparution par nous décerné le 17 du même mois, l'individu ci-après dénommé à l'interrogatoire duquel nous avons procédé comme suit :

Sur nos interpellations, l'inculpé a dit s'appeler Gilly (Numa), déjà interrogé.

D. — Vous vous trouvez en contradiction, sur plusieurs points importants, avec M. Peyron, votre coinculpé. Les contradictions sur lesquelles nous appelons en ce moment vos explications ont spécialement trait à la question pécuniaire, à la question des droits d'auteur ; ce sont les seuls que nous ayons à discuter avec vous et elles se trouvent pour la plupart contenues dans l'acte de confrontation que vous avez subi à Paris le 12 janvier devant M. le Juge d'instruction Lascoux. Nous devons tout d'abord appeler votre attention sur votre déclaration concernant la lettre qui vous a été adressée le 13 décembre par l'avoué Bonnet, lettre que vous avez déclaré ne pas avoir reçue et qui contient une mention écrite au crayon et que vous avez aussi déclaré être fausse.

Maintenez-vous cette partie de votre déclaration?

R. — En arrivant à Nîmes, j'ai appris par ma fille que c'était elle qui avait reçu la lettre retournée de Paris avec la mention : « Adresse insuffisante » ; que, conformément aux ordres que je lui ai donnés, elle avait ouvert cette lettre et qu'elle y avait inséré elle-même la mention au crayon qui a fait l'objet de la contestation que j'ai soulevée. Je n'ai pas connu l'écriture de ma fille et en outre je ne pouvais pas m'expliquer comment M. Bonnet, à trois jours d'intervalle, pouvait m'écrire deux lettres en quelque sorte contradictoires.

Cette lettre ne m'était pas parvenue et je n'en avais eu aucune connaissance, *donc ma bonne foi était entière* quand j'ai déclaré que ce ne pouvait être qu'un tiers qui avait écrit cette mention à mon insu; quoi qu'il en soit, après les explications que j'ai reçues, *je n'insiste plus sur cette lettre.*

Quant aux autres objections que j'ai élevées devant M. le Juge d'instruction Lascoux, je les maintiens entièrement, et je suis prêt à les soutenir contradictoirement avec M. Peyron.

Confrontation.

Nous faisons introduire M. Peyron, et après lui avoir fait part de la déclaration de M. Gilly, en ce qui concerne la lettre Bonnet du 13 décembre, nous invitons M. Gilly à articuler en sa présence les objections qu'il a soulevés devant M. le Juge d'instruction, à Paris, sur la question pécuniaire et celle des droits d'auteur.

M. GILLY déclare : Lorsque je me suis présenté devant M. le Juge d'instruction Lascoux, les premières paroles que je lui ai dites ont été un hommage à l'honorabilité de la famille de M. Peyron et à la sienne propre. Mais j'ai acquis la conviction que M. Peyron s'était très légèrement engagé avec certaines personnes qui me sont des plus suspectes, et il a eu tort de me compromettre en associant mon nom au leur. Je parle de d'Alavène et de Chirac. M. Peyron m'a tenu en dehors de tout ce qu'il a fait et de tout ce qui s'est passé entre lui et ces personnes. J'ai été tenu dans l'ignorance la plus complète en ce qui concerne la question des droits d'auteur et la confection du traité, que je n'ai connue qu'au moment de l'instruction et que je ne connais pas même encore complètement.

PEYRON, interrompant : Lorsque vous êtes parti pour Paris, *je vous ai remis ce traité* avec d'autres papiers que vous avez emportés.

M. GILLY. — En tout cas, ce n'est que le 5 décembre que vous m'auriez remis le traité, et *je nie* l'avoir eu entre les mains même à cette date. Si vous m'aviez envoyé ce traité d'une façon régulière, comme on le fait entre commerçants, je vous déclare que je ne l'aurais jamais ratifié.

M. PEYRON. — Lorsque je suis revenu de Paris, fin octobre, je vous ai mis au courant de tout ce qui s'était passé, très rapidement, il est vrai, car notre entrevue n'a pas duré plus d'une demi-heure. Vous partites le lendemain pour Paris.

J'ai sorti le traité de ma poche et je *vous l'ai lu.*

M. GILLY. — Rappelez bien vos souvenirs, parce que si vous insistiez, je serais obligé de dire que vous mentez. J'ai reconnu et je reconnais que j'ai su que vous prépariez un livre; mais quant aux combinaisons financières arrêtées par vous au sujet de la publication de ce livre, en un mot ce que vous appelez les droits d'auteur, je n'en ai jamais rien su et je n'en sais encore rien.

M. PEYRON. — Puisqu'on faisait un livre, ce livre devait procurer des droits d'auteur. Je l'ai dit à M. Gilly et j'ai ajouté que cet argent servirait à payer les frais du procès, et que j'avais déclaré à Savine que M. Gilly ne voulait pas toucher un centime de ces droits.

M. GILLY. — Je ne sais pas encore combien il devait me revenir et je serais bien aise de l'apprendre, car jusqu'à présent j'ai cherché en vain ce renseignement, non pas pour l'argent bien entendu, mais pour connaître ce fameux traité dont on me parle continuellement.

M. PEYRON. — Je maintiens toujours que ce traité doit se trouver dans les papiers de M. Gilly, et que si je ne lui ai remis que le 5 décembre, il en connaissait la teneur depuis la fin d'octobre. Il y a deux traités : un traité principal et un traité rectificatif.

M. GILLY, interrompant. — Pardon, ce n'était pas un traité, c'était un projet de traité. M. Savine me l'a montré devant M. le Juge d'instruction et je déclare que jamais je n'ai donné l'ordre de sanctionner un projet pareil *(sic)*.

M. PEYRON. — J'avais de vous pleins pouvoirs; vous m'avez dit de faire au mieux.

D. aux inculpés. — Pouvez-vous prouver l'un ou l'autre, soit par témoins, soit par écrit, les allégations contradictoires que vous émettez?

R. M. GILLY. — Je n'ai pas de témoins à citer, mais je donne mon affirmation la plus catégorique, la plus absolue.

M. PEYRON. — Moi-même je n'ai pas eu de procuration authentique, tout s'est passé de bonne foi entre M. Gilly et moi.

Je continue pour ce qui est relatif au traité.

Par le traité primitif, M. Gilly avait à toucher (le traité porte..... M. Gilly aura ou touchera) 50 centimes par volume sur les dix premiers mille tirés, 60 centimes de dix à vingt ou trente mille, et 75 centimes au delà. Par le traité rectificatif, d'Alavène avait à toucher par volume 25 centimes à prendre sur les droits d'auteur.

M. GILLY. — Comment! vous avez ratifié un pareil traité dans lequel étaient insérés ces mots . « M. Gilly touchera », et ensuite vous m'avez fait contracter un engagement vis-à-vis d'un d'Alavène! Avouez que jamais je n'aurais consenti à pareille chose, si je l'avais su.

M. PEYRON. — Vous connaissiez très bien tout cela et vous l'avez ratifié; je tiens à dire que je n'avais donné aucune signature pour M. Gilly; que la situation n'était donc pas complètement engagée lorsqu'il est parti pour Paris à mon retour de Londres; qu'à Paris, il a vu Chirac tous les jours pour s'occuper des témoins et qu'en ce qui concerne la ratification de tout ce qui s'est passé, soit à Londres, soit à Paris, ma bonne foi se trouve couverte par une lettre de Chirac, à la date du 8 novembre, lettre que je vous remets avec son enveloppe (adressée au nom de ma femme) et où je relève ces mots : « D'accord avec Savine et avec Gilly, etc. »

M. GILLY. — Cette lettre a été reproduite, parait-il, dans l'ouvrage *Mes Dossiers,* je me suis inscrit en faux contre elle et contre celle signée de mon nom.

M. PEYRON. — Que M. Gilly achève de lire la lettre dont je vous parle et il y verra ceci : « Quant aux droits d'auteur dont vous parlez.......... Signé : Numa GILLY. » La conclusion que j'en ai tirée est toute logique.

M. GILLY. — Chirac a alors ignoblement menti et vous avez été roulé par lui (*sic*).

D. à M. Gilly. — Maintenez-vous devant M. Peyron que ce dernier vous avait affirmé qu'il se chargerait de tous les frais du procès et qu'il avait des fonds à sa disposition chez M. Arnaud Guédan?

R. — Oui, et j'ajoute que je puis préciser : Le jour du procès de Nimes, j'appris que mes collègues de la Commission du budget avaient l'intention de réclamer le payement de leur taxe. Ayant été acquitté, je croyais que les frais étaient à la charge de l'État et alors je m'adressai à M. Peyron qui me dit : Ne vous effrayez donc pas, j'ai ce qu'il faut pour payer.

M. PEYRON. — Et j'ajoutai : Le produit du livre suffira largement à payer les témoins. M. Gilly venait d'annoncer l'apparition du livre dans une suspension d'audience.

M. GILLY. — C'est inexact. Je n'ai connu le titre même du livre que le 26 novembre.

M. PEYRON. — M. Gilly connaissait trop bien ma situation financière pour avoir jamais cru sérieusement que j'étais en mesure de payer de ma poche ou sur mon crédit les frais du procès. — Que je lui aie dit que je pourrais obtenir de M. Guédan une petite avance, en attendant, le fait est possible ; mais sur quoi je comptais, c'est sur l'envoi de Savine.

M. GILLY. — On a voulu battre monnaie sur mon nom et tout cela à mon insu, parce qu'à la suite de l'incident d'Alais il s'était fait quelque bruit autour de moi. Je suis sûr que Chirac, Savine et d'Alavène ont voulu faire une spéculation à mes dépens ; quant à M. Peyron, je réserve mon opinion sur son compte jusqu'à ce que nous ayons été confrontés tous deux avec Chirac et Savine et je crois qu'après cette confrontation la lumière se fera.

Lecture, persistent et signent.

Signé : GILLY.
Signé : PEYRON.
Signé : BERNÈS.
Signé : PEPIN.

L'an mil huit cent quatre-vingt-neuf et le vingt-quatre janvier,

Par devant nous, Marius Bernès, juge d'instruction de l'arrondissement de Nimes, assisté du commis-greffier soussigné, a été amené, par notre ordre, de la maison de dépôt, l'individu ci-après dénommé, à l'interrogatoire duquel nous avons procédé comme suit :

Sur nos interpellations, l'inculpé a dit s'appeler Numa Gilly, déjà interrogé.

D. — Il résulte des explications contradictoires que nous venons de recevoir de M. Peyron et de M. Merle, votre secrétaire, qu'au moment où ce dernier a reçu de M. Peyron la lettre de Chirac qu'il nous a remise, Peyron vous a remis en même temps l'engagement de Savine, que vous avez pris cette pièce et que vous l'avez gardée ; qu'avez-vous à dire ?

R. — Je dis que c'est faux et que jamais M. Peyron ne m'a remis l'engagement dont il vous parle, comme je vous l'ai dit dans ma confrontation avec lui ; j'ai vu cet engagement pour la première fois dans le cabinet de M. Lascoux. Du reste, M. Peyron ne vous a-t-il pas dit dans cette confrontation que c'était le 5 décembre qu'il m'avait remis cette pièce à la Mairie ? Eh bien ! j'ai été suspendu le 4 décembre, à neuf heures du matin. Quoi qu'il en soit, je nie catégoriquement avoir reçu la pièce dont parle Peyron.

11

Confrontation.

Nous faisons introduire M. Peyron et nous lui donnons connaissance de la déclaration qui précède. — Il déclare :

Si ce n'est pas le 5 décembre comme je l'ai dit précédemment, si ce n'est pas le 4, c'est le 3 que j'ai remis la pièce en question et je l'ai remise à M, Gilly.

M. Gilly. — Vous ne me l'avez pas remise. — N'avez-vous pas prétendu aussi que j'avais ratifié ce prétendu engagement? Voulez-vous m'expliquer quand et comment?

M. Peyron. — Mais je l'ai déjà dit. J'ai vu votre ratification dans la lettre du 8 novembre que Chirac m'a adressée et qui se trouve insérée dans le livre à la page VII. Je ne puis pas toujours revenir sur le même sujet.

M. Gilly. — Et moi j'ai déjà dit que la lettre dont vous parlez est un faux. Si Chirac vous a trompé, vous vous expliquerez avec lui. Il a aussi prétendu, en présence des témoins, que vous lui aviez écrit de ne pas me voir à Paris et il a ajouté après l'entretien que nous eûmes à l'hôtel de France : « Maintenant je comprends que le brave Gilly *(sic)* a été trompé ; il ne connaissait rien à l'organisation de notre livre et maintenant je m'explique pourquoi Peyron m'a écrit de ne pas le voir lorsqu'il serait à Paris *(sic).* »

M. Peyron. — Je déclare que je m'inscris en faux contre la déclaration de Chirac et contre la lettre qu'il dit avoir reçue de moi, et j'ajoute que Chirac est d'autant moins fondé à parler comme il l'a fait, que tandis que je n'ai vu M. Gilly que pendant une demi-heure depuis mon retour d'Angleterre, Chirac, lui, voyait M. Gilly fréquemment.

M. Gilly. — Les personnes devant lesquelles Chirac a tenu le propos que je viens de répéter sont : M. Martin, de Nîmes ; M. Puech, avocat, boulevard Sébastopol, 104, à Paris, et M. Rigaut, rue Lacharrière, 7, à Paris.

Nous faisons introduire M. Martin, déjà entendu et nous lui demandons s'il peut confirmer la déclaration que M. Gilly vient de nous faire relativement au propos tenu par Chirac au sujet de M. Peyron.

M. Martin déclare : — Je me souviens parfaitement que le 8 décembre, je crois, à l'hôtel de France où j'étais allé voir M. Gilly qui était souffrant ce jour-là, Chirac a dit en ma présence et en celle d'autres personnes ces paroles : « Je vois maintenant que M. Gilly n'est pour rien là-dedans et je comprends pourquoi Peyron m'a écrit de ne pas le voir à Paris. »

J'ajoute que Chirac ne s'est pas contenté de tenir ce propos une fois, mais que quelques jours après, l'ayant encore questionné à ce sujet, il m'a confirmé que Peyron lui aurait recommandé de ne pas voir M. Gilly à Paris.

M. Peyron. — Je répète que Chirac en a menti, et je le mets au défi de produire la lettre dont il a parlé. Au surplus, je m'expliquerai avec lui à Paris.

Lecture, persistent et signent :

Signé : Gilly.
Signé : Peyron.
Signé : Martin.
Signé : Bernès.
Signé : Pepin.

SAVINE, GILLY

Confrontation.

L'an mil huit cent quatre-vingt-huit, le vingt et un décembre, neuf heures du matin,

Devant nous, Lascoux, juge d'instruction au Tribunal de première instance du département de la Seine, assisté de Crosnier, commis-greffier assermenté, en notre cabinet, au Palais de Justice,

Sur mandat de comparution, a comparu le ci-après nommé, à l'interrogatoire duquel nous avons procédé ainsi qu'il suit :

Enquis des nom, prénoms, âge, date et lieu de naissance, profession, demeure, état-civil et de famille, l'inculpé a répondu :

1o Savine, déjà interrogé à Bordeaux ;

2o Gilly, déjà interrogé à Paris.

D. à l'inculpé Gilly. — Désirant savoir le plus tôt possible si *certainement* vous aviez reçu le mandat de comparution que nous vous avions adressé pour ce matin, nous avons fait demander le renseignement hier soir à votre hôtel. On a répondu affirmativement; mais on a ajouté, à notre grande surprise, *que, du reste, vous ne vous étiez pas rendu à Nîmes.*

Ce renseignement est-il exact?

R. — Oui. Je suis bien parti de Paris lundi soir dernier, 17 décembre, pour me rendre à Nîmes, ainsi que vous m'y aviez autorisé; mais le lendemain, à Avignon, à la gare, j'ai trouvé diverses personnes de Nîmes, venues à ma rencontre, qui m'apprirent que ma révocation comme maire venait d'être publiée et qu'une manifestation était préparée en mon honneur pour mon arrivée à Nîmes. Or, entendant me dérober absolument à toute manifestation, je crus devoir immédiatement rebrousser chemin; et, par le premier train, je rentrai à Paris.

D. — Comment avait-on su à Nîmes qu'on vous trouverait à Avignon dans le train parti de Paris le 17 décembre, au soir?

R. — Avant de quitter Paris, le 17, j'avais télégraphié à ma femme que je me rendrais à Nîmes par le rapide du soir.

D. — Quand êtes-vous rentré à Paris?

R. — J'y suis arrivé dans la soirée du mardi 18.

D. — Le 17, nous ne vous avions pas laissé ignorer que votre confrontation avec Savine était très urgente, et que nous regrettions beaucoup de ne pouvoir y procéder le lendemain 18, date jusqu'alors fixée. Cédant à vos instances, car vous alléguiez les nécessités de votre défense, nous consentîmes à remettre la confrontation à aujourd'hui. Savine, présent, ne fit d'ailleurs aucune objection à cet ajournement. Mais puisque, dès le 19, vous pouviez vous tenir à notre disposition, puisque vous ne vous rendiez pas à Nîmes, comment se fait-il que votre premier soin n'ait pas été de nous avertir des incidents que nous apprenons aujourd'hui seulement? La confrontation aurait eu lieu certainement hier si, par une déférence toute indiquée, vous aviez pris la peine de nous prévenir dès avant-hier. Aujourd'hui, pressé par le temps, car il faut que le procès-verbal en cours de rédaction parte ce soir pour Bordeaux, nous risquons d'écourter les explications nécessaires à l'éclaircissement de l'affaire.

R. — J'aurais peut-être dû, en effet, vous prévenir... Je n'ai pas pensé à le faire.

D. — Sans nous attarder davantage à l'appréciation de votre conduite, passons à notre ordre du jour.

Ici, nous avons donné lecture intégrale des deux interrogatoires de Savine à Bordeaux, en date des 12 et 13 décembre courant.

Savine a déclaré qu'il confirmait tout ce que contenait ces deux actes, sauf ce qui concerne quelques points de détail sans importance, qui seront rectifiés au cours de la discussion.

Gilly. — Je déclare formellement que je ne suis pas l'auteur du livre *Mes Dossiers*, et qu'il a paru contre ma volonté formelle. Le télégramme signé Gilly-Chirac, expédié de Nîmes à Savine, le 18 novembre, est la preuve formelle que je n'entendais pas autoriser la publication.

D. à Savine. — Avez-vous reçu ce télégramme? Pouvez-vous le produire?

R. — Je ne l'ai pas sur moi; il était bien signé Gilly-Chirac, et il me prescrivait en effet de ne pas mettre en vente. Mais il m'arriva seulement le 19 au matin. On l'avait adressé le 18, rue Drouot, à mon magasin; et comme je me trouvais alors à mon domicile particulier, rue Chardin, 1, je n'en eus connaissance que le lendemain; or, quand il me parvint, j'avais déjà reçu deux télégrammes de Chirac (que je produirai), disant l'un : *Marchez,* c'est-à-dire

Mettez en vente; l'autre: *Tranquillisez-vous au sujet du précédent télégramme;* or, ce précédent télégramme, c'était celui signé Gilly-Chirac qui me parvint seulement le 19, rue Drouot. Les deux autres de Chirac, dont je parle, m'étaient parvenus avant, parce que Chirac avait pris le soin de les adresser, selon nos conventions, non pas à mon magasin, où je suis rarement, mais chez mon beau-frère Rispaud, mon voisin de domicile privé, place du Trocadéro, 4, qui, de suite, me les avait fait parvenir chez moi, rue Chardin. — Eh bien ! le 18 novembre, les volumes étaient déjà complètement imprimés et prêts à être mis en vente; et, le 19 novembre, quand je reçus le télégramme Gilly-Chirac, je pris mes dispositions pour suspendre la mise en vente. Mais alors me parvint aussi une lettre mi-partie écrite et signée Chirac, mi-partie écrite et signée Peyron, que je produirai aussi; et dans la partie signée Peyron il s'y trouvait l'autorisation formelle de mettre en vente, sous la seule restriction de l'impression du préambule relatif à M. Andrieux, qui est placé effectivement au commencement du livre, au-dessous du titre: *Le Procès.*

Sachant que Chirac et Peyron avaient travaillé au livre, d'accord avec Gilly, lequel avait placé en eux toute sa confiance pour cette publication, je n'hésitai pas à tenir pour non avenu le télégramme signé Gilly-Chirac, et à agir selon la lettre postérieure au télégramme Gilly-Chirac, que je devais penser écrite d'accord avec M. Gilly.

Vous pourrez remarquer que le préambule intitulé: *Le Procès,* ne figure pas à la *Table des matières* (page 213). C'est que, ainsi que je viens de l'expliquer, il a été rajouté après coup, justement à cause de la lettre Chirac-Peyron, qui, selon moi, m'a mis à couvert, du moment que j'en ai exécuté les prescriptions. La preuve, du reste, que le livre, quel qu'en soit l'auteur, paraissait avec l'agrément de Gilly, résulte notamment de la déclaration signée Numa Gilly, imprimée dans le n° du 28 novembre de l'*Union des Travailleurs,* dans laquelle Gilly, à propos d'une réclame placée au dos du volume, écrit formellement «qu'il m'a confié la publication du volume».

Gilly: Je répondrai de suite à cet argument: oui, il avait été convenu que Chirac et Peyron s'entendraient avec Savine pour la publication d'un livre qui porterait comme nom d'auteur mon nom; mais d'autre part il avait été formellement convenu entre ces messieurs (Chirac et Peyron) et moi que l'ouvrage serait complètement inoffensif, et qu'il n'en résulterait pour moi aucun ennui, vu que, de par les mêmes conventions, je ne devais tirer de cette publication aucun bénéfice; or, après mon acquittement, effrayé des conséquences de la publication de ce livre qui, au dire de Chirac, renfermait toutes sortes de choses compromettantes pour tels et tels, et notamment pour M. Andrieux, n'ayant d'ailleurs reçu communication, ni du manuscrit ni des épreuves du volume, je fis expédier le télégramme GILLY-CHIRAC, que l'on sait. J'ajoute que, d'après nos conventions, le livre n'aurait dû contenir autre chose que les documents relatifs à mon procès. Ceci dit, je déclare que la *note* signée de mon nom imprimée en tête du journal de l'*Union des Travailleurs* du 28 novembre a été publiée sans doute avec mon assentiment, mais rédigée, et très mal rédigée par Peyron. — Au lieu de : *dont je lui ai confié la publication,* il fallait mettre : « *dont je lui ai interdit la publication.* »

Je tiens à bien marquer qu'à ce moment-là, je n'avais pas encore lu le livre; j'étais sans doute très mécontent qu'il eût paru contre mes ordres, mais je ne soupçonnais pas qu'il renfermât toutes les diffamations qui s'y trouvent. Peyron répétait à moi et à tout le monde *que je pouvais dormir sur mes deux oreilles.* C'est pour cela que je laissais passer sans y attacher d'importance, les mots « dont je lui ai confié la publication », quoiqu'ils fussent, depuis le télégramme du 18 novembre, le contraire de la vérité.

Ici, Gilly a déposé une lettre en date du 26 novembre 1888, à lui adressée par Savine au sujet de la réclame relative à la *Fin d'un Monde,* lettre dans laquelle Savine fait allusion à un télégramme de Gilly, se rapportant à cette réclame. Ceci nous a amené à faire rectifier par Gilly l'assertion contenue dans son interrogatoire du 14 décembre, où il est affirmé que le télégramme du 18 novembre *est la seule communication que lui, Gilly, ait faite à Savine, depuis leur unique entrevue.* (Deuxième feuillet de l'interrogatoire du 14 décembre.)

SAVINE. — Ceci m'amène à parler de l'entrevue unique, en effet, que j'ai eue à Paris avec Gilly.

Chirac m'avait dit que Gilly était en possession de documents intéressants se rapportant au procès de Nîmes, dont il était déjà question, et alors je le priai de transmettre à Gilly une lettre dans laquelle je me mettais à sa disposition pour la publication d'un volume, le cas échéant. Il trouva tout cela très bien; je rédigeai cette lettre qui contenait toutes les conditions de la publication projetée, notamment *que le livre aurait pour titre et comme signataire :* NUMA GILLY, *Mes Dossiers,* ou NUMA GILLY, *Les vingt Wilsons.* Autant qu'il m'en souvienne, cette lettre fut écrite aux environs du 20 octobre, et Chirac se chargea de la faire tenir à M. Gilly, alors à Nîmes; or, le lendemain de cette remise de ma lettre à Chirac, celui-ci me fit connaître qu'il l'avait donnée de la main à la main à M. Peyron (alors à Paris), avocat de M. Gilly. Puis il me mena chez M. Peyron, qui logeait alors, sous le pseudonyme d'EUGÈNE FRANC, à l'hôtel, cité Bergère, 2.

Dans l'entrevue, Peyron, après avoir lu devant moi ma lettre à Gilly, déclara qu'il acceptait immédiatement, au nom de M. Gilly, dont il avait les pleins pouvoirs, prétendait-il, toutes les conditions formulées par moi, sauf celles qui étaient relatives aux droits d'auteur. A l'entendre, M. Gilly ne voulait toucher aucun droit et on devait trouver une combinaison qui permît cependant d'utiliser, sans qu'elles entrassent dans la poche de Gilly, les sommes que je fixais pour les droits d'auteur.

A ce moment, Peyron déclara être sur le point de se rendre à Londres afin d'y voir un certain *d'Alavène,* des mains duquel il devait recevoir soit contre espèces, soit gracieusement (il n'en savait encore rien), des documents destinés à la défense de Gilly devant les Assises de Nîmes. Peyron exposait que son désir était que Chirac l'accompagnât à Londres; mais il ajoutait : « Je ne possède que 300 francs, somme insuffisante pour les frais d'un voyage à deux », et Chirac déclarait être sans argent. Dans cette situation, il me fut demandé séance tenante d'avancer 300 francs à valoir sur les droits d'auteur du livre dont la publication venait d'être convenue, et, de suite, je donnai les 300 francs à Chirac. Il fut convenu, en outre, que, le cas échéant, j'enverrais à Londres à ces messieurs une nouvelle avance, et je me retirai, déclarant que le chiffre total de mes avances serait au maximum de 5,000 fr.

Le 28 octobre, le fils de Chirac venait me déclarer que, selon un télégramme envoyé de Londres, il fallait expédier à Peyron, sous le pseudonyme d'Eugène Franc, à l'hôtel de la Métropole, à Londres, 1,100 francs. La somme fut de suite envoyée. Je produirai le reçu postal de la lettre recommandée qui fut expédiée à l'adresse indiquée et qui contenait les 1,100 francs.

Chirac étant revenu de Londres avec Peyron (pour le dire en passant, je n'ai jamais revu ce dernier depuis notre entrevue à l'hôtel de la cité Bergère) me déclara que, sur les 1,1000 francs, 500 francs avaient été remis à d'Alavène, lequel, en retour, avait donné notamment les correspondances PAULIN-GIRARD, qui, plus tard, furent imprimées dans *Mes Dossiers,* de page 189 à page 195. Je crois pouvoir ajouter ceci (que je tiens encore de Chirac) : en outre des 500 francs, on avait pris sur les 1,100 francs une somme nécessaire pour faire des petits cadeaux à Mme et à Mlle d'Alavène.

D'autre part, d'Alavène avait indiqué certains témoins à faire entendre à la Cour d'assises de Nîmes, notamment *M. de Montigny, demeurant boulevard Port-Royal, n° ....., à Paris,* ancien agent de police, ayant été sous les ordres du susdit d'Alavène. Et, par parenthèse, je dirai que ces témoins

12

ont été en effet assignés à Nîmes. Je pense que le M. de Montigny dont j'ai parlé est le témoin qui, à la page xii de *Mes Dossiers,* figure sous le nº 30 et dont le nom a été écorché. Monsigny pour de Montigny. Ce n'est pas tout. Chirac ajouta que, d'après les conventions avec d'Alavène, celui-ci recevrait 25 centimes à titre de droits d'auteur sur chaque exemplaire tiré et mis en vente du volume à paraître. Il me demanda même expressément d'écrire à d'Alavène pour lui faire connaître que j'étais au courant des conditions stipulées entre lui et Chirac-Peyron et que ses intérêts pécuniaires seraient sauvegardés. Je devais aussi écrire à d'Alavène au sujet de publications (étrangères aux affaires Gilly) dont il me faisait proposer l'impression par Chirac.

J'écrivis surtout cela à d'Alavène à l'adresse suivante : M. John Walter (pseudonyme de d'Alavène), *chez Kelly, Vigo street, à Londres.*

. . . .

Nous constatons qu'il est plus de trois heures 30 minutes. Il nous est impossible de pousser plus loin la rédaction du procès-verbal, attendu que Gilly et Savine ont été invités télégraphiquement à partir *ce soir même* pour Montpellier et que nous devons leur laisser le temps matériel de se préparer à ce voyage s'ils jugent à propos de le faire.

Lecture faite, ont signé :

Signé : A. Savine.
Signé : Numa Gilly.
Signé : A. Lascoux.
Signé : Crosnier.

L'an mil huit cent quatre-vingt-neuf, le trois janvier.

Devant nous, Lascoux, juge d'instruction au Tribubal de première instance du département de la Seine, assisté de Crosnier, commis-greffier assermenté, en notre cabinet, au Palais de Justice.

Est comparu le ci-après nommé, à l'interrogatoire duquel nous avons procédé, ainsi qu'il suit :

Enquis de ses noms, prénoms, âge, date et lieu de naissance, profession, demeure, état-civil et de famille, l'inculpé a répondu :

1º Savine, 2º Gilly, déjà interrogés.

Reprise de l'acte de confrontation interrompu le 21 décembre dernier.

D. à Savine. — Veuillez exposer bien nettement comment l'idée du livre *Mes Dossiers* est née, et comment les diverses personnes qui paraissent avoir coopéré à ce livre se sont connues. Nulle part dans l'instruction, à ce qu'il nous semble, ces renseignements n'ont été donnés d'une manière tout à fait claire?

R. — Je connaissais Chirac, dont j'avais édité plusieurs ouvrages. En septembre dernier, peu après le discours d'Alais (3 septembre), il me dit qu'à sa connaissance, Gilly ou ses amis recherchaient des documents relatifs aux membres de la Commission du budget. Vers le 20 octobre, comme on parlait de poursuivre contre le député du Gard, l'idée me vint que Gilly pourrait faire un volume intéressant avec les documents qu'il recherchait, disait-on. Chirac entr.: dans ces vues. Je suppose qu'il connaissait M⁰ Peyron, et qu'ils furent en correspondance à propos du futur procès de Nîmes. Toujours est-il qu'en octobre, ainsi que je vous l'ai dit le 21 décembre, Peyron vint à Paris, et que j'allai avec Chirac le voir à son hôtel, cité Bergère. Je ne l'avais jamais vu avant cela et c'était le 23 ou le 24 octobre, jamais nous n'avions encore correspondu, et je ne l'ai jamais revu depuis. Dans cette visite, nous causâmes du livre dont j'avais le projet et dont, avant cela, Chirac avait parlé directement à Peyron.

Les bases de la publication avaient été formulées par moi dans une lettre, en date du 22 octobre, écrite à M. Gilly (que je ne connaissais pas encore) et que j'avais remise à Chirac, en le priant de la faire parvenir au destinataire. Cette lettre, au lieu de l'envoyer de suite à Nîmes par la poste, Chirac l'avait donnée à Peyron, qu'il représentait comme l'avocat et l'homme de confiance de Gilly, et Peyron la possédait lors de notre entrevue du 23 ou 24 octobre.

J'ai expliqué, le 21 décembre, qu'après lecture de cette lettre (dont je vous dépose aujourd'hui une copie), Peyron avait accepté formellement, au nom de Gilly, toutes les conditions (sauf une réserve relative à la combinaison du paiement des droits d'auteur).

Peyron se déclarant le fondé de pouvoirs de Gilly (et m'en donnant la preuve par l'exhibition d'un billet signé GILLY, qui accréditait cet avocat auprès de d'Alavène), je considérai que le livre projeté serait fait et que je pouvais compter que j'en serais l'éditeur, et qu'il aurait l'un des deux titres proposés par moi.

Il fut convenu ce jour-là entre Peyron, Chirac et moi, que le livre paraîtrait deux jours après l'ouverture des débats du procès Gilly à Nîmes, et qu'il contiendrait :

1° Une préface de Chirac (elle s'y trouve aux pages XI à XX); 2° une introduction d'Élie Peyron (elle s'y trouve de page XXI à page LXXIV), et 3° les pièces et documents dont Gilly ou son défenseur devaient se servir pendant le procès.

Voilà ce qui fut convenu.

Il fut également entendu qu'en tête du volume, on imprimerait une lettre signée de moi contenant ma proposition à Gilly d'éditer le livre en question, et aussi une lettre signée de Gilly, contenant l'acceptation de mon offre et expliquant à quoi serait employé l'argent représentant les droits d'auteur du député du Gard.

Ces conventions ainsi faites verbalement, je me considérai, dès ce moment-là, comme l'éditeur de Gilly. Aussi, ne fis-je aucune difficulté de déclarer à Peyron, sur sa demande, que je lui ouvrais dès à présent, en qualité de mandataire de Gilly, un crédit de 500 francs sur les bénéfices éventuels du volume.

Peyron et Chirac expliquaient qu'ils allaient partir pour Londres, afin d'y voir d'Alavène, personnage qui joue un rôle dans cette affaire, mais avec lequel, moi, je n'entrai en relations que plus tard. A les entendre, d'Alavène avait écrit à Gilly pour lui offrir des documents utiles à sa défense; et qui, par conséquent, devaient figurer dans le volume projeté. On ne savait encore s'il les donnerait gratuitement ou s'il faudrait les lui acheter. Peyron était envoyé de Nîmes à Londres par Gilly tout exprès pour rechercher ces documents, et Gilly lui avait donné pour d'Alavène le billet d'introduction dont j'ai dit un mot tout à l'heure. C'était écrit sur une carte de *Gilly, député du Gard* ou *maire de Nîmes* (je ne sais plus au juste).

Les lignes disaient formellement (je donne le sens et non le texte) : « Je vous envoie mon avocat, secrétaire et ami Élie Peyron », et c'était signé GILLY. Voilà pourquoi, ainsi que je l'ai expliqué, je ne pouvais pas douter que je me trouvasse en présence du mandataire de Gilly, parfaitement autorisé à traiter avec moi. Et j'indique de suite que plus tard, dans une entrevue que j'eus avec Gilly (le 12 novembre à Paris), celui-ci me confirma qu'il ratifiait toutes mes conventions avec Peyron.

Je vous rappelle que je remis de suite à Chirac, sur l'invitation de Peyron, 300 fr. (un acompte sur les 5,000 fr. d'avances) pour l'aider dans ses frais de route; je rappelle encore que le 28 octobre, j'envoyai à Londres une autre somme de 1,100 fr. (toujours à titre d'avances).

Au bout de peu de jours, je revis à Paris Chirac. Il me raconta que Peyron, rentré aussi du voyage à Londres, était reparti pour Nîmes, et il me montra les documents (lettres PAULIN-GIRARD), partie en originaux, partie en reproductions photographiées, qui plus tard ont été imprimés dans *Mes Dossiers* (page 189 à page 195), comme ayant été cédés par d'Alavène pour le prix de 500 fr. Il ajouta que d'Alavène avait indiqué divers témoins qui seraient utilement cités devant la Cour d'assises de Nîmes. Il dit encore que sur les

1,100 fr. envoyés par moi, on avait pris une certaine somme pour payer quelques petits cadeaux à Mme et à Mlle d'Alavène. Enfin, il m'exposa que certains avantages avaient été promis par lui et par Peyron à d'Alavène. On lui avait fait cession d'une partie des droits d'auteur de Gilly. Ainsi, d'Alavène devait toucher de moi 25 centimes par exemplaire tiré et mis en vente de *Mes Dossiers*. Sur la demande de Chirac, j'écrivis alors à d'Alavène une lettre (dont je n'ai pas conservé copie), dans laquelle je lui fis connaître que j'étais au courant des conditions stipulées entre lui et Chirac-Peyron, et que je m'engageais à lui tenir compte des 25 centimes par exemplaire.

Il résulte donc de ce qui précède, qu'à propos du livre *Mes Dossiers*, les droits d'auteur payés par moi sont encaissés par Gilly (indirectement payés, soit à Peyron, soit au Comité organisé à Nîmes, en vue du paiement des frais du procès de Nîmes), et par d'Alavène (directement, par suite de la cession à lui consentie d'une partie des droits de Gilly).

Je puis de suite chiffrer les sommes déboursées par moi à titre de droits d'auteur. J'ai donné en octobre, à Chirac, 300 francs en avances des droits de Gilly. J'ai envoyé à Londres 1,100 francs à Peyron, et j'ai encore envoyé à Peyron à Nîmes, en novembre, après le procès, une somme totale de 3,000 francs. En tout, une somme de 4,400 francs. D'Alavène, outre les 500 francs qui lui ont été remis à Londres sur les 1,100 francs compris dans le compte précédent, a reçu de moi directement une première somme de 250 francs et une autre de 2,500 francs.

D'où il suit qu'au total, pour les droits d'auteur, j'ai déboursé 7,150 francs.

Ces détails exposés, je reviens à mon entrevue avec Peyron à Paris, le 23 ou le 24 octobre, au moment où il était sur le point de partir pour Londres avec Chirac. Chirac, vous vous le rappelez, avait remis à Peyron une lettre du 22 octobre destinée à Gilly, et Peyron me déclara que, dès sa rentrée à Nîmes, il communiquerait cette lettre à Gilly afin que celui-ci me confirmât l'acceptation que lui, Peyron, avait faite de mes conditions, sauf la combinaison relative aux droits d'auteur que Gilly ne voulait pas toucher personnellement. Cependant, les jours se passaient sans que j'entendisse parler de Gilly et de Peyron. Alors, le 4 novembre, je me décidai à écrire à Peyron, à Nîmes, pour réclamer notamment la ratification écrite de nos conventions arrêtées verbalement à Paris. Il me répondit de Nîmes la lettre en date du 6 novembre, dont je vous dépose copie. (Elle est signée EUGÈNE FRANC, pseudonyme de Peyron convenu entre nous.) Le pli contenait, ainsi que c'est indiqué dans le *Post-scriptum* de cette lettre, notre projet de traité, c'est-à-dire ma lettre à Gilly du 22 octobre.

Bien que Peyron écrivit le 6 novembre que Gilly était alors absent de Nîmes, il me mandait d'autre part, dans son *Post-scriptum*, que Gilly « *ne saurait entrer dans l'affaire pécuniairement,* » ce qui me donna à penser que Gilly et son avocat avaient conféré sur mes propositions et que le député du Gard acceptait toutes les conditions stipulées dans ma lettre du 22 octobre, sauf la réserve relative au mode de paiement des droits d'auteur. Sur ces entrefaites, Chirac, qui correspondait avec Peyron au sujet du livre projeté, m'apporta le manuscrit de *Mes Dossiers* (la moitié environ), soi-disant de la part de Gilly, et aussi le texte des deux lettres convenues, le 23 ou le 24 octobre, entre Peyron (agissant au nom de Gilly), Chirac et moi, et qui sont imprimées dans *Mes Dossiers*, pages v à viii. Ces deux lettres, quoique signées l'une de mon nom, l'autre du nom de Gilly, avaient été rédigées par Chirac; mais celui-ci déclarait qu'elles avaient été soumises par lui, d'abord à Gilly, qui en avait accepté la rédaction, puis à Peyron, lequel, en les lui retournant, lui avait écrit (dans une lettre qui me fut alors montrée) qu'il les approuvait.

J'appris en même temps par Chirac que Gilly se trouvait à Paris, et je demandai formellement à le voir. En définitive, il ne m'avait jamais écrit; nous n'avions jamais eu l'occasion de parler ensemble du livre projeté, et, quoique, après tout ce que je vous ai exposé, j'eusse les raisons les plus légitimes de croire que Peyron et Chirac étaient bien les mandataires de Gilly pour tout ce qui m'était remis ou communiqué au nom de celui-ci, je jugeai prudent de me faire confirmer directement, par le député du Gard, tout ce que vous savez. Je comprenais bien que le livre *Mes Dossiers,* étant une œuvre de combat, ferait quelque tapage, et je n'entendais pas m'exposer à être désavoué au dernier moment.

Il fut donc convenu que je me rencontrerais avec Gilly.

GILLY. — Je me réserve de répondre à tout ceci . . . .

Vu l'heure avancée, nous avons interrompu cet acte, qui sera repris demain, à neuf heures du matin.

Et le quatre janvier, audit an, neuf heures du matin, étant en notre cabinet, au Palais de Justice, nous, A. Lascoux, juge d'instruction, assisté de Crosnier, notre greffier, avons repris l'interrogatoire des inculpés.

Ont comparu : Savine et Gilly, déjà interrogés.

SAVINE. — Donc, le 12 novembre dernier, Chirac vint me trouver et me mena, 13, rue Mazagran, chez M. Caron, ami de M. Gilly. C'est là que je vis pour la première fois le député du Gard, et je ne l'ai plus revu ensuite avant de le retrouver le 21 décembre dernier ici, dans votre cabinet. C'est au récit de cette entrevue que la rédaction de votre procès-verbal du 21 décembre avait été interrompue.

Les incidents dont je vais rendre compte se sont passés seulement entre nous trois, Gilly, Chirac et moi.

Je demandai tout d'abord à Gilly s'il était bien d'accord avec Peyron et Chirac pour la confection du livre que je devais éditer, et qui devait paraître sous son nom. Sa réponse fut très affirmative et Gilly me déclara que tout ce qu'avaient fait Peyron et Chirac, il le ratifiait, car « ces messieurs avaient toute sa confiance et connaissaient ses affaires mieux que lui-même. »

Alors je lui donnai à lire ma lettre du 22 octobre, contenant les conditions (lettre qui, vous vous le rappelez, m'avait été retournée par Peyron lorsqu'il m'écrivait, le 6 novembre, sous le pseudonyme de Franc); Gilly la prit, l'examina quelques instants et me fit l'effet d'un homme qui la connaissait déjà; après quoi il me la rendit; son attitude fut celle d'une personne qui approuvait absolument. Sa seule observation fut relative à la question pécuniaire; il répéta ce que Peyron m'avait déjà dit et écrit : « Je ne veux pas faire de bénéfices sur le livre. »

Après cela, Gilly remit à Chirac les pièces qui figurent pages 125 et suivantes dans *Mes Dossiers* sous le titre : *Affaires de la forêt de Bellezma*. C'étaient des copies dont les originaux, je le sais, se trouvaient déjà aux mains de Chirac, lequel les tenait (à ce qu'il m'a déclaré) de Peyron. Son but était sans doute d'éviter à Chirac la peine de recopier à son tour ces pièces qui devaient, dans sa pensée, figurer dans le volume *Mes Dossiers*. Si ces pièces n'avaient dû servir *qu'à la défense de Gilly dans son procès de Nîmes*, il me semble qu'il les eût conservées. Puisqu'il les remit à Chirac, c'est *qu'elles étaient destinées à figurer dans le livre*. On peut, je pense, les considérer comme étant des plus graves parmi toutes celles qui sont insérées dans le volume. Je vois dans cette remise de pièces une grosse responsabilité pour Gilly. Il fut ensuite parlé des deux lettres imprimées dans *Mes Dossiers*, pages v à viii, et je compris encore, d'après les propos de Gilly, que celui-ci connaissait ces lettres et en approuvait la publication en tête du livre.

Tel est le récit de cette entrevue, qui me prouva que MM. Peyron et Chirac étaient bien les mandataires de Gilly; que celui-ci ratifiait tout ce qui avait été dit ou écrit entre ces deux Messieurs, d'Alavène et moi, et qu'il se considérait comme l'auteur du livre projeté; j'ajouterai même qu'au cours de l'entrevue, Gilly et Chirac échangèrent, au sujet du procès de Nîmes, alors très prochain, des observations sur la défense à présenter à la Cour d'assises, sur les témoins à faire entendre, etc., et que le député du Gard paraissait en mesure de prouver tous les faits résultant des documents qui entraient ou devaient entrer dans la composition du livre.

Je tiens à dire que si, dans cette affaire, j'ai une part de responsabilité, j'entends cependant dégager ma bonne foi. J'ai déclaré hier que le livre était destiné à paraître dès le second jour du procès de Nîmes (qu'on supposait alors devoir durer environ une semaine). Dans ma pensée, le livre offrait au public en primeur des documents qui, tous, devaient être produits à l'audience et dont la preuve serait faite par les témoins. J'avais vu en originaux ou en copies tous les documents à imprimer. Encore une fois Gilly paraissait sûr de faire la preuve de tout. Aussi dès le lendemain de notre entrevue, le 13 novembre, je remis à l'imprimeur une partie du manuscrit; le 14, Gilly partit pour Nîmes et le 15 je donnai à l'impression la dernière partie du manuscrit.

GILLY. — J'ai beaucoup d'observations à présenter.

Je n'ai jamais contesté qu'à propos de mon procès de Nîmes on dût faire un livre. Savine a déclaré que c'était à lui que l'idée de ce livre était d'abord venue et qu'il l'avait mûrie avec Chirac et Peyron.

Tout ce que je sais, moi, sur l'origine de cette publication le voici :

Peyron m'avait dit, aussitôt que le procès avait été décidé : « Nous ferons un livre, ça couvrira les frais du procès » ; ce livre ne vous regarde pas, c'est mon affaire, il contiendra ma plaidoirie et toutes les pièces de la défense. Je ne vis aucun inconvénient à cela, spécifiant toutefois à Peyron que le livre devait être « inoffensif ». Après cela Peyron a pu se mettre, et s'est mis en effet, en rapport avec Chirac et Savine, mais je ne me suis mêlé de rien. Les conventions ont été faites en dehors de moi. Je n'ai rien connu des arrangements sur le paiement des droits d'auteur; je n'ai pas été mis au courant de ces paiements d'avances faits par Savine à Peyron ou à Chirac, ni de la cession de certains droits à d'Alavène. Je m'étais borné à déclarer du premier jour que je ne voulais pas faire de bénéfices sur la publication. Je savais seulement que ces messieurs se serviraient des droits d'auteur pour solder les frais de mon procès.

Savine ne peut pas dire que dans notre unique entrevue du 12 novembre, qui dura un quart d'heure, il ait été question de sommes payées d'avance ou de la cession de certains droits à d'Alavène.

SAVINE. — D'abord, l'entretien dura peut-être une heure. Sans doute je reconnais qu'il n'y fut pas question des versements faits à titre d'avance, mais à quoi bon? Gilly me déclarait qu'il était au courant de tout, et qu'il ratifiait tout ce que j'avais conclu avec Chirac et Peyron.

Ma lettre du 22 octobre fut mise sous ses yeux; sauf l'observation :
« je ne veux pas de bénéfices », il ne présenta aucune objection, mais je
déclare qu'il fut parlé de d'Alavène et de la cession de droits qui lui avait
été faite par Peyron et Chirac; car cette cession modifiant le *quantum*
des droits d'auteur de Gilly, il fallait bien en parler.

GILLY. — Je n'ai aucun souvenir, je le répète, qu'il ait été alors question
de cette cession de droits à d'Alavène. Quant à la lettre du 22 octobre, je ne
me rappelle pas du tout qu'elle m'ait été montrée. Vous avez pu m'exhiber
un papier (quoique je n'en aie pas le souvenir), mais certainement je ne le lus
pas. Si c'est celui dont vous avez déposé hier une copie dont M. le Juge
d'instruction a donné lecture, je déclare qu'avant cela, je ne l'avais jamais
lu. Si, le 12 novembre, on avait attiré sérieusement mon attention sur un
pareil écrit, qui est un traité véritable, j'aurais demandé à réfléchir; j'ai derrière moi trente années de vie commerciale; je sais comment se font les
affaires; je n'approuve pas les traités à la légère, je n'aurais pas approuvé
ce traité-là. Je n'ai pas du tout compris que cet écrit que vous dites m'avoir
mis sous les yeux, eût une portée quelconque.

On m'objecte que, en dehors de la lecture prétendue approbative de cette
lettre du 22 octobre (qu'encore une fois je n'ai pas examinée), j'ai déclaré nettement que j'approuvais et ratifiais tout ce que Peyron et Chirac avaient
convenu avec Savine? Je ne puis me rappeler les mots mêmes dont je me suis
servi : mais je me souviens d'avoir dit :

« Comme je ne veux avoir aucun bénéfice sur le livre, je ne veux pas non
plus qu'il me cause d'ennuis; il doit être inoffensif et rien ne paraîtra sans
m'avoir été communiqué; je verrai les épreuves, vous devez me les communiquer. »

SAVINE. — Je déclare formellement qu'il ne fut pas question de cette com.
munication; il n'en fut pas soufflé mot. Encore une fois, à quoi bon,
puisque Gilly avait donné carte blanche à Peyron et à Chirac?

GILLY. — Je maintiens que je demandai formellement la communication
des épreuves avant qu'on donnât le bon à tirer.

Et puis, je reviens à la fameuse lettre du 22 octobre. Elle m'était destinée,
dites-vous. Eh bien, alors, pourquoi ne pas l'avoir mise à la poste? je l'aurais reçue. Qu'est-ce que cette manière d'agir? Comment un éditeur fera-t-il
admettre que j'aie accepté ses conditions écrites alors qu'il ne m'a pas envoyé
sa lettre-traité, qu'elle a été lue par tout le monde, sauf par moi, et qu'en fin
de compte, il ne produit aucun écrit de moi constatant que j'accepte ses

13

conditions? Si nous étions devant le Tribunal de commerce, Savine perdrait haut la main son procès sur une question ainsi posée.

Savine. — Nous ne sommes pas devant le Tribunal de commerce. Oui ou non, Chirac et Peyron étaient-ils vos mandataires? Oui ou non, aviez-vous donné mission à Peyron d'aller à Londres chercher des documents pour votre défense? Qui est-ce qui a donné à Peyron l'argent pour faire le voyage et aussi pour l'achat des documents, car il a fallu les acheter? C'est moi qui l'ai fourni, cet argent. Et vous espérez faire croire qu'à son retour à Nîmes, Peyron ne vous a pas renseigné sur tout ce qui s'était passé à Paris ou à Londres?

Avouez donc que, jusqu'au 18 novembre, date à laquelle, ayant pris peur, vous vous êtes décidé à m'adresser ou à me faire adresser un télégramme (sur la portée duquel nous reviendrons), nous avons tous marché parfaitement d'accord, vous, Peyron, Chirac et moi. Voilà la vérité. Quant au reproche résultant de ce que ma lettre du 22 octobre, quoique vous étant destinée, n'a pas été mise à la poste, à votre adresse, à Nîmes, il est encore sans fondement. J'ai expliqué, le 21 décembre, qu'à ce moment-là Peyron était à Paris; comme il était votre mandataire avéré, j'ai cru que je pouvais, sans inconvénient, laisser entre les mains d'un tel personnage (qui, d'ailleurs, devait vous voir à Nîmes sous peu) ma lettre qu'il se chargeait de vous remettre.

D. à Gilly. — Il importe peut-être que, dès à présent, nous vous fassions connaître ce qu'a dit à ce propos Peyron dans son propre interrogatoire du 27 décembre à Bordeaux.

« Je pris ce projet (lettre du 22 octobre) pour le communiquer à M. Gilly à mon retour de Londres. Toutefois, avant mon départ, je lui en communiquai, par écrit, les grandes lignes. »

Gilly. — Je proteste, Peyron ne m'a rien écrit à ce sujet-là. Et j'en reviens toujours à la même observation. Il est inouï que Savine m'écrivant une lettre de cette importance, ne l'ait pas tout simplement mise à la poste, pour qu'elle me parvînt à Nîmes. Ce procédé montre bien qu'on s'est arrangé pour me mettre en dehors d'une affaire dont on me rendrait responsable et qui était seulement traitée entre Savine, Peyron et Chirac.

Savine. — J'avais d'abord remis cette lettre à Chirac, pour qu'il la fît parvenir à Gilly par la poste. Je trouvais qu'il y avait intérêt à ce que Chirac la lût. Voilà pourquoi je la lui avais confiée. Le lendemain, je vis qu'elle était en possession de Peyron; je répète que celui-ci étant le mandataire de Gilly et déclarant se charger de lui donner cette lettre, je ne pouvais voir d'inconvénient à un tel arrangement. D'ailleurs, il aurait pu se faire que ma lettre, si elle eût été confiée à la poste, ne parvint pas à son destinataire, du moins Chirac m'avait dit de me méfier de la poste; à l'entendre, la police surveillait très probablement les correspondances du député du Gard, et au besoin les lisait.

Veuillez, d'ailleurs, vous rappeler le texte d'un billet d'introduction donné pour d'Alavène par Gilly à Peyron, billet que je lus avant qu'il en fût fait usage; c'est-à-dire le 23 ou le 24 octobre, ce texte a été cité par d'Alavène, dans une lettre de lui, insérée dans le *Figaro* du 27 décembre. Il y est dit que Gilly est filé par la police, et qu'il est obligé de prendre certaines précautions. Je pouvais donc penser qu'il n'était pas prudent de confier à la poste une lettre à lui destinée et qui devait rester secrète jusqu'à la publication du volume.

D. aux inculpés. — Au cours de l'acte de confrontation du 21 décembre, vous avez tous deux fourni vos explications complètes relativement au télégramme Gilly-Chirac, expédié de Nîmes, le 18 novembre. Selon vous, Gilly, ce télégramme dégagerait complètement votre responsabilité. Mais son texte ne nous est pas exactement connu. D'après le témoin Martin, qui, avec Peyron, aurait concerté ce texte, il y avait à peu près : « Arrêtez publica- » tion du Livre jusqu'à nouvel ordre ». — De votre côté, vous Savine, vous avez reconnu que la dépêche vous prescrivait *de ne pas mettre en vente.* Enfin, dans son interrogatoire du 27 décembre, à Bordeaux, Peyron, reconnaissant d'ailleurs que, pour les motifs exposés par le témoin Martin, il avait cru devoir ajouter la signature Chirac à celle de Gilly, a donné comme suit le texte dont s'agit : « Nous nous opposons à la vente du volume, tel qu'il est » composé. »

L'un de vous peut-il aujourd'hui donner le texte certain de cette dépêche?

Gilly. — Sur ma demande, le Receveur du bureau télégraphique de la Chambre des députés a fait venir de Nîmes une copie du télégramme; mais, jusqu'à ce jour, le temps m'a manqué pour aller retirer cette copie.

Savine. — Moi, je vous dépose une copie, que je certifie exacte, du télégramme :

« Gilly s'oppose vente du livre tel qu'il est composé. Arrêtez de suite, Lettre suit. — Gilly-Chirac. »

D. à Savine. — Pouvez-vous, en outre, déposer aujourd'hui les autres télégrammes qui vous ont été expédiés de Nîmes à cette même date par Chirac, et aussi la lettre double, signée de Peyron et de Chirac, qui vous fut encore écrite de Nîmes le 18 novembre?

R. — Je vous dépose seulement la copie de l'un des deux télégrammes de Chirac (je n'ai pas retrouvé le premier, qui me disait de *marcher*) : « Tranquillisez-vous ; lettre en route. Incident grave a dicté dépêche précédente (c'est-à-dire le télégramme Gilly-Chirac). Je pars demain matin. AUGUSTE. »

Je vous dépose également copie de la double lettre du 18 novembre, émanant de Peyron et de Chirac.

Nous donnons lecture de ce dernier document.

D. à Savine. — Comment, après le télégramme Gilly-Chirac, qui vous interdisait formellement, de la part de Gilly, la mise en vente, avez-vous cru devoir passer outre, alors que l'autorisation de mettre en vente, qui, selon ce que vous avez allégué le 21 décembre, résulterait formellement de la lettre Peyron-Chirac, n'était pas confirmée expressément par Gilly ?

R. — Je vous prie de bien remarquer les termes du télégramme GILLY-CHIRAC ; il n'y est pas seulement dit : *Gilly s'oppose à la publication ;* il y est dit : *Gilly s'oppose à la vente du livre tel qu'il est composé.* Et on ajoute qu'une lettre suit. Or, cette lettre, la lettre Peyron-Chirac, que dit-elle ? Elle signifie : *Vous pouvez mettre en vente, à la condition de rajouter au volume une note relative à M. Andrieux.*

Dans ces conditions et sachant que Peyron et Chirac étaient les mandataires de Gilly, ne devais-je pas croire qu'il n'y avait plus à se préoccuper de la dépêche Gilly-Chirac ?

Je n'avais qu'une chose à faire pour me couvrir, et je l'ai faite : c'était d'ajouter au volume la note sur M. Andrieux. Elle y est. Je dois reconnaître toutefois qu'elle se trouve en tête et non à la fin. J'avais trouvé que sa place était plutôt en tête du volume. Mais enfin, je crois que la lettre PEYRON-CHIRAC détruisait formellement la défense transmise par le télégramme GLLY-CHIRAC.

GILLY. — Dans ma pensée, et selon les instructions formelles que j'avais données, le télégramme devait contenir une défense sans restriction de publier. Jusqu'à présent je n'avais pas connu le texte de la lettre Peyron-Chirac. Il avait été convenu que cette lettre serait purement et simplement la confirmation de la défense télégraphique de publication. Si Chirac et Peyron ont écrit autre chose que ce qu'ils s'étaient engagés à écrire, est-ce ma faute ? Je laisse à ces messieurs la responsabilité d'un pareil procédé, et vous voyez bien que, quant à moi, j'ai voulu défendre la mise en vente.

D. à Gilly. — Il y aura sans doute à examiner si, le 18 novembre, vous n'avez pas, directement ou indirectement, ratifié la publication de *Mes Dossiers.* On appréciera aussi vos explications en ce qui concerne le télégramme Gilly-Chirac; mais, enfin, ne semble-t-il pas résulter de l'ensemble des explications échangées jusqu'à présent que, jusqu'au 18 novembre, vous avez fourni des documents et laissé préparer sous votre nom le livre *Mes Dossiers,* et que jusqu'à cette date, ainsi que vous l'a dit Savine, vous marchiez d'accord avec l'éditeur, avec Peyron et avec Chirac pour la publication?

R. — Je laissais faire; mais je me réservais le droit de contrôle et de défense de publier. On devait me soumettre les épreuves; on ne l'a pas fait. Le 17 novembre, après l'audience de Nîmes, Chirac m'a dit : « *Le livre est aux trois quarts imprimé; il va paraître et il contient des documents compromettants pour Andrieux.* » Alors, j'ai voulu que tout fût arrêté; on ne m'avait rien communiqué. Martin fut chargé de lancer un télégramme qui, je le répète, doit me couvrir.

D. à Gilly. — Expliquez-vous au sujet de d'Alavène et du voyage de Peyron et de Chirac à Londres. N'omettez pas de vous expliquer notamment sur le billet d'introduction que vous auriez donné à Peyron, et dont nous vous lisons le texte tel qu'il est imprimé dans une lettre de d'Alavène, insérée dans le *Figaro* du 27 décembre. A ce propos, nous vous rappellerons ce que vous nous déclariez dans votre interrogatoire du 14 décembre (3e feuillet au verso et 4e feuillet au recto). Là, vous vous êtes exprimé, au sujet de d'Alavène, comme si vous n'aviez jamais eu de rapports directs avec lui, et vous vous étonniez qu'il eût pu, au début d'une lettre qu'il vous adressait le 10 décembre, écrire : « Mon cher député ».

R. — Après mon discours d'Alais, et lorsqu'il fut question du procès de Nîmes, m'arrivèrent à Nîmes des quantités de lettres dont les auteurs me proposaient des documents pour ma défense, — notamment je reçus de Londres une ou plusieurs lettres de ce genre signées D'ALAVÈNE. Elles étaient très pressantes, et, d'après mon correspondant, les documents ne pouvaient être donnés qu'à une personne accréditée qui irait à Londres. A cette époque, je ne connaissais pas du tout ce d'Alavène; son nom n'était pas venu jusqu'à moi. J'ai appris depuis qu'il avait une triste réputation. Si j'avais su à qui j'avais à faire, je n'aurais peut-être apporté aucune attention à ses lettres, mais, je vous le répète, je ne savais pas alors qui était d'Alavène.

Quoi qu'il en soit, pensant qu'il pouvait y avoir une réelle utilité à profiter des documents ainsi proposés, je dis à Peyron d'aller les chercher à Londres. Je ne conteste donc pas du tout que le voyage auprès de d'Alavène ait été fait à mon instigation.

Je me rappelle aussi que je donnai une de mes cartes de visite à Peyron pour qu'il la présentât à d'Alavène comme une sorte de lettre d'introduction. Je me souviens que Peyron écrivit quelques lignes sur cette carte; mais je ne me rappelle plus ce qu'il écrivit, et je ne sais pas du tout si le texte donné par d'Alavène, et reproduit par le *Figaro*, est exact. Je ne me rappelle pas non plus si j'apposai ma signature au-dessous des lignes écrites par Peyron.

Quant à ce que je vous ai déclaré le 14 décembre, au sujet de d'Alavène, je n'ai pas à le rétracter. J'ai dit et je répète que jamais je n'ai vu d'Alavène. Je répète que je pouvais m'étonner qu'il m'écrivît : « Mon cher député », puisque jamais, moi, je ne lui avais écrit; mais, le 14 décembre, je n'avais nullement l'intention de cacher qu'à propos de ma défense devant la Cour d'assises de Nîmes, j'avais obtenu certains documents de ce d'Alavène. Seulement, lors de ce premier interrogatoire, il semblait inutile d'entrer dans tous les détails comme aujourd'hui.

D. aux inculpés. — Puisque nous en sommes à d'Alavène, et que vos interrogatoires ont lieu à propos des plaintes en diffamation portées par MM. Raynal et Villette, nous vous demanderons si parmi les documents publiés dans *Mes Dossiers,* et sur lesquels se base la plainte de ces deux personnes, il y a des pièces qui aient été fournies par d'Alavène.

Savine et Gilly. — Non, il n'y en a pas.

Ici, vu l'heure avancée, ayant dù interrompre encore la rédaction du procès-verbal, nous avons invité les inculpés à se représenter demain, à l'heure, afin de terminer la rédaction du procès-verbal de leur confrontation dont il leur sera alors donné lecture.

Signé : Gilly.
Signé : Savine.
Signé : Crosnier.
Signé : Lascoux.

Et le cinq janvier du dit an :
Nous, A. Lascoux, juge d'instruction, étant en notre cabinet au Palais de Justice, à Paris, assisté de notre greffier, nous avons fait entrer dans notre cabinet l'inculpé Savine, mais nous avons vainement attendu l'inculpé Gilly, qui s'était pourtant présenté, avons-nous su positivement, dans les dépendances de notre cabinet, où il avait semblé tout d'abord se tenir à notre disposition. Il s'était cependant retiré presque aussitôt, avons-nous appris. Après une longue attente, nous nous sommes décidé à recevoir l'inculpé Savine seul, ainsi qu'il est expliqué ci-dessus.

Or, à ce moment, notre garçon de bureau est entré et nous a remis un pli à nous destiné, en déclarant que ce pli venait de lui être donné par le sieur Gilly, lequel était immédiatement reparti sans mot dire.

Le pli dont il s'agit est à notre nom. Il renferme une lettre en date d'aujourd'hui, à nous adressée par le député du Gard, et six feuillets signés GILLY, *député du Gard, et* GOIRAND, *avoué*. Ces divers documents seront annexés aux présents procès-verbaux.

Les feuillets signés Gilly et Goirand portent l'intitulé suivant :

« *A Monsieur le Juge d'instruction près le Tribunal de première instance de Bordeaux, Roujol.*

» Conclusions remises à M. le juge d'instruction Lascoux, saisi de l'affaire, en vertu de commission rogatoire, pour M. Numa Gilly, député du Gard, demeurant actuellement hôtel de France, cité Bergère, lequel fait élection de domicile à sa demeure précitée..... »

Quant à la lettre signée Gilly, elle indique que cet inculpé décline la compétence de M. le Juge d'instruction de Bordeaux et nous devons penser qu'en raison du départ précipité de Gilly, après le dépôt du pli dont s'agit, nous n'avons plus à compter aujourd'hui sur sa comparution.

En conséquence, nous avons donné lecture à l'inculpé Savine des procès-verbaux qui précèdent et il a dit :

Je confirme pour ce qui me concerne tout ce qui est écrit dans les procès-verbaux de ma confrontation avec Gilly, en date des 3 et 4 courant.

D. — Vous nous avez fait le dépôt d'un certain nombre de copies de documents qui ont été discutés hier et avant-hier, et d'autres documents dont il aurait été sans doute question aujourd'hui; mais pourquoi ne pas nous avoir remis les textes originaux, qui seuls font foi?

R. — C'est que je ne les ai pas, je n'en avais conservé que les copies, que je vous ai remises (sauf pourtant en ce qui concerne ma lettre du 22 octobre, qui existe à sa date sur mon livre commercial de copies de lettres, lequel est à votre disposition). Les autres documents originaux ont été envoyés par moi depuis quelque temps à un de mes amis de Bruxelles, car je ne les trouvai pas assez en sûreté ici. Mais je les produirai devant la Cour d'assises, si j'y suis renvoyé.

Je certifie d'ailleurs l'authenticité des copies que je vous ai remises et je signe avec vous *ne varietur* tous ces documents. . . . .

SAVINE ajoute : Je désirerais que le présent procès-verbal marquât encore qu'il a été question hier, au cours de la confrontation, des *lettres de Peyron à moi adressées* de Nîmes le 23 novembre, le 7 décembre et de *divers extraits de journaux*, dont j'ai déposé copie, ainsi que *d'un télégramme adressé par moi, d'Alby, à Gilly* après son démenti dans la lettre Laguerre... Je voudrais qu'il fût bien indiqué que les explications sur ces divers documents ont été échangées alors devant vous par Gilly et par moi.

D. à Savine. — C'est très exact ; faute de temps, ces explications ne purent être notées et nous nous proposions d'en dresser procès-verbal aujourd'hui. Mais l'absence de Gilly nous met dans l'impossibilité de procéder à cette rédaction.

SAVINE. — Je désire encore rappeler ici que hier Gilly a été amené à parler de M. Raynal et qu'il a dit : « Je ferai la preuve contre M. Raynal à la Cour d'assises, d'après les documents que je possède. »

Eh bien ! ce propos m'a frappé puisqu'il émane d'un homme qui prétend n'être absolument pour rien dans le livre *Mes Dossiers.* Il me semble que si M. Gilly n'est pour rien dans le livre, il n'a pas à faire la preuve des allégations du livre qui concernent M. Raynal. Mais je me dis que, puisque Gilly a lui-même déclaré qu'il ferait cette preuve à la Cour d'assises, c'est qu'il se considère, tout en ne l'avouant pas, comme ayant cependant une certaine part de responsabilité dans le livre ; à mon avis, il y a prescription en ce qui concerne les poursuites dont le discours d'Alais aurait pu être susceptible ; Gilly ne peut donc viser que sa défense relativement au livre *Mes Dossiers* quand il parle de preuve à faire. Mon observation se complète par celle-ci. Je trouve qu'il est intéressant pour ma défense et dans l'intérêt de ma bonne foi de constater que hier M. Gilly a répété ce qu'il m'avait dit le 12 novembre dans notre entrevue chez M. Caron : « J'ai des documents pour la preuve des faits dont se plaint M. Raynal ».

Et après lecture du présent procès-verbal, l'inculpé Savine l'approuvant, l'a signé avec nous et le greffier,

Signé : SAVINE.
Signé : LASCOUX.
Signé : CROSNIER.

Et aujourd'hui 9 janvier, du dit an,

Le sieur Gilly ayant comparu, ainsi qu'il appert d'un autre procès-verbal en date de ce jour, ci-annexé, nous lui avons donné lecture des procès-verbaux de confrontation des 3 et 4 courant, qui précèdent, et il les a

confirmés. Alors, il a avec nous signé le présent, et a, d'autre part, signé.
les procès-verbaux des 3 et 4 courant, déjà signés par Savine et nous.

Signé : N. GILLY.
Signé : A. LASCOUX.
Signé : CROSNIER.

L'an mil huit cent quatre-vingt-neuf, le douze janvier, neuf heures du.
matin,

Devant nous, Lascoux, juge d'instruction au Tribunal de première instance du département de la Seine, assisté de Crosnier, commis-greffier.
assermenté, en notre cabinet, au Palais de Justice,

Sur convocations, ont comparu les ci-après nommés, à l'interrogatoire
desquels nous avons procédé ainsi qu'il suit :

Enquis des nom, prénoms, âge, date et lieu de naissance, profession,
demeure, état-civil et de famille, les inculpés ont répondu :

D. à Gilly. — Le 4 courant, nous vous disions (8ᵉ feuillet, au recto) : « Il
faudrait sans doute examiner si, après le 18 novembre, vous n'avez pas,
directement ou indirectement, ratifié la publication de *Mes Dossiers.* »

Nous allons expliquer notre pensée. Savine a exposé (interrogatoire du
12 décembre, à Bordeaux) que, postérieurement au 19 novembre, il avait
envoyé en deux fois à Peyron, à Nîmes, une somme totale de 3,000 francs.
« Sur cette somme, a-t-il dit, une partie représentait des droits acquis; le.
reste, des avances. Ces fonds étaient destinés à régler les indemnités des
témoins à Nîmes. »

De son côté, le 24 décembre, à Albi, le sieur Peyron s'est expliqué sur
l'emploi des 3,000 francs à lui envoyés par Savine. Nous vous lisons tout le
passage du procès-verbal dans lequel le sieur Peyron (alors entendu comme
témoin) expose que, sauf un reliquat de 106 fr. 75, la totalité des 3,000 francs
a été employée, dans votre intérêt, pour payer les taxes de vos témoins de
Nîmes.

Puis, M. le Juge d'instruction lui demanda :

D. — Les diverses sommes dont vous venez de parler et que vous avez
reçues de Savine pour le compte de Gilly, représentaient donc une partie de
ses droits d'auteur? A quoi Peyron répondit : « Oui. » On lui fit alors une.
dernière question très précise.

Avez-vous reçu de Gilly le mandat de toucher pour son compte les sommes
que Savine vous envoyait et de payer ensuite les divers frais occasionnés par
son procès de Nîmes? Le sieur Peyron n'y répondit pas, se retranchant

derrière le secret professionnel de l'avocat. N'oubliez pas qu'il était alors (24 décembre) *entendu comme témoin.*

Depuis, la situation a changé pour le sieur Peyron, qui a été cité *comme inculpé* devant M. le Juge d'instruction de Bordeaux, et, sur cette question d'argent, il s'est plus complètement expliqué. Nous vous lisons à ce sujet la lettre qu'il a adressée le 30 décembre dernier, au juge de Bordeaux, et nous vous montrons les pièces qui y sont annexées.

La lettre de Peyron se termine ainsi : « L'importance du reçu de 3,000 francs donné (à Nîmes, le 22 novembre) par Mlle Gilly, votre fille, « met à néant l'assertion de M. Gilly qu'il n'a pas reçu de fonds de Savine, et démontre de la façon la plus évidente que, dans toute cette affaire, j'ai été le mandataire de M. Gilly. Si, un moment, j'ai outre passé mon mandat, ma responsabilité a été couverte par ce fait que M. Gilly, en recevant l'argent de M. Savine, a ratifié l'*ordre de faire paraître* que Chirac et moi avons donné le 18 novembre au soir. »

De ce passage, il semble bien résulter que Peyron reconnaît avoir eu tort, avec Chirac, d'écrire, le 18 novembre au soir, cette lettre dont Savine a déposé une copie, et qui, au dire de Savine, le couvre et dégage sa bonne foi) ; mais il en résulte, d'autre part, que, selon Peyron, vous avez, postérieurement au télégramme Gilly-Chirac (sur lequel vous basez à peu près toute votre défense), approuvé la publication, puisque vous consentiez à toucher des droits d'auteur et à les employer à vos besoins personnels.

Ne résulte-t-il pas de l'ensemble des faits exposés dans cette longue question, qu'après le 18 novembre vous avez (ainsi que nous l'indiquions en commençant), ratifié la publication de *Mes Dossiers*, et que, dès lors, une part de responsabilité vous incombe dans la publication de ce livre ?

Gilly. — Non, je proteste contre cette manière de voir et contre les allégations de Peyron.

A partir du 18 novembre, considérant que le télégramme prescrit par moi avait bien été rédigé selon mon vœu, et qu'il contenait, sans ambiguïté ni restriction possible, une défense absolue de publier, je ne me suis plus occupé de rien, et même, pendant un certain temps, je ne me souciai pas du livre. Il avait paru, disait-on. Tant pis, j'en étais désolé ; mais c'était la faute d'autres que moi ; d'ailleurs, je ne savais pas au juste ce que contenait le livre, et, ainsi que je l'ai expliqué, il m'était pénible de causer, par une protestation, des désagréments probables à Peyron, mon ami (Interrogatoire du 14 décembre, 5e feuillet)...

Savine. — Je suis obligé d'interrompre, vous m'avez télégraphié le

26 novembre pour m'enjoindre de retirer de la couverture du livre la réclame relative à la *Fin d'un Monde* et vous avez vous-même produit ici, le 21 décembre, la lettre-réponse que je vous écrivis à ce sujet. Si vous n'aviez pas accepté la paternité du volume, de quel droit m'auriez vous télégraphié de supprimer cette réclame?

GILLY. — Encore une fois le livre avait paru sans mon autorisation. Mais on me disait que sur la couverture était imprimée une réclame qui ne pouvait être approuvée par un personnage politique de mon opinion. Comme d'autre part, malgré que je n'y fusse pour rien, le livre portait comme nom d'auteur mon nom, j'ai cru que je pouvais parfaitement, sans accepter la paternité du livre, demander la suppression de la réclame.

Si, à ce moment-là, j'avais connu le contenu du livre, je ne vous aurais pas télégraphié seulement de supprimer la réclame, je vous aurais interdit aussi, non moins formellement, de continuer à vendre un pareil livre dont je vous avais déjà fait interdire la publication par le télégramme du 18 novembre.

SAVINE. — Faut-il rappeler aussi la déclaration signée de votre nom, insérée le 28 novembre dans l'*Union des Travailleurs*, où il est dit expressément que vous m'avez confié la publication du volume?

R. — Je me suis expliqué là-dessus. (Voir acte de confrontation du 21 décembre, troisième feuillet au recto.)

D. à Gilly. — Revenez à vos explications interrompues au sujet de la question pécuniaire.

GILLY. — Je disais donc qu'après le télégramme du 18 novembre j'avais cru n'avoir plus à me préoccuper de quoi que ce soit touchant ce livre. Peyron m'avait dit : « Le livre ne vous regarde pas; c'est mon affaire, il couvrira les frais du procès. » Si, après le 18 novembre, malgré la défense de publication qu'il avait été chargé de télégraphier de ma part à Savine, Peyron a jugé à propos, soit seul, soit de concert avec Chirac, de faire publier, ma responsabilité personnelle doit être dégagée. On m'objecte les droits d'auteur déboursés par Savine depuis le 18 novembre et qui auraient servi à payer mes témoins. Mais je soutiens que Peyron, dès que le procès avait été décidé, m'avait déclaré que je n'avais pas à me préoccuper des frais, qu'il les prendrait tous à sa charge, qu'il possédait les fonds pour cela, précisant même qu'il avait un crédit de 10,000 francs chez M. Guédan, banquier à Nimes.

D. à Gilly. — Nous devons vous avertir que, sur ce dernier point, Peyron, interpellé à Bordeaux, le 27 décembre, en présence du témoin Bertrand, a soutenu que jamais il ne vous avait déclaré qu'il pourrait se procurer 10,000 fr. à la banque Guédan pour payer les frais du procès.

GILLY. — J'affirme, moi, qu'il me l'a déclaré et qu'il me l'a dit en présence des témoins suivants : M. Allemand (chemin d'Uzès), Mme Martin (rue Grétry, 8), et M. Artigue (rue de l'Horloge, 9), tous de Nîmes.

Je ne conteste pas que Savine ait envoyé à Peyron les 3,000 fr., même à titre de droits d'auteur; mais ces droits d'auteur n'étaient pas pour moi, puisque, depuis le 18 novembre, j'avais parfaitement répudié la paternité du livre. Ils étaient pour Peyron, et c'est à lui, en effet, que l'argent était envoyé par Savine. Veuillez bien remarquer, une fois de plus, que, dans cette affaire, tout se passe en dehors de moi.

L'idée du livre? C'est à Peyron, ou à Savine, ou à Chirac qu'elle vient.

Les documents? Ils sont collectionnés par Peyron et par Chirac; sans doute, j'en ai bien fourni quelques-uns, mais ils étaient uniquement applicables à ma défense à Nîmes, et les autres ont été fournis et imprimés à mon insu, et plusieurs ne se rapportent en rien à mon procès de Nîmes.

Le fameux traité du 22 octobre? On s'est arrangé de manière, bien qu'il me fût destiné, à ne pas me le montrer; et je persiste à nier que Peyron et Savine m'aient parlé ou écrit à ce sujet.

La cession de droits à d'Alavène? Mais je l'ai apprise ici même, et tout s'est passé à Londres entre Peyron, Chirac et d'Alavène; et, plus tard, sans me consulter, Savine écrit à d'Alavène une lettre de ratification. — Est-ce que l'éditeur ne m'aurait pas consulté là-dessus, s'il avait réellement pensé que j'étais l'auteur du livre?

Le bon à tirer? C'est Savine qui l'a donné le 12 novembre, je crois. S'il m'avait alors considéré comme le véritable auteur du livre, et si nous avions été d'accord sur les conventions, comme il l'assure, aurait-il manqué de me faire signer à moi-même le bon à tirer?

Quant à l'argent représentant les droits d'auteur, et qui forme l'objet spécial du présent débat, Savine déclare lui-même que c'est à Peyron qu'il l'a envoyé.

Faut-il dire toute ma pensée? Je croirais volontiers, moi, qu'un traité écrit, et qu'on ne représente pas, a été conclu entre Chirac, Peyron et Savine. Je ne puis admettre qu'un éditeur se lance dans une telle publication sans avoir traité autrement que verbalement.

SAVINE. — Je proteste. Il n'y a pas eu de traité échangé par écrit. Il y a eu des conventions verbales entre Peyron, Chirac, Gilly et moi. Je maintiens que dans la réunion du 12 novembre, rue Mazagran, Gilly a vu ma lettre du

22 octobre, qu'il a eu alors connaissance par moi de la cession de droits à d'Alavène, et qu'il a tout approuvé. Je répète qu'au cours de cette entrevue, il donna lui-même certains documents à Chirac pour les faire figurer dans le livre. Je reconnais que le bon à tirer a été signé par moi; mais à quoi bon faire donner cette signature par Gilly, puisque, encore une fois, il avait tout approuvé? Dès lors, le bon à tirer pouvait être donné par moi, du moment que j'étais autorisé par les mandataires de Gilly à signer, et je l'étais. Si j'ai spécialement correspondu avec Peyron, et si c'est à cet avocat que j'ai envoyé les 3,000 francs à titre de droits d'auteur, c'est parce que Gilly m'avait expressément déclaré que Peyron était son mandataire, et que, d'autre part, j'ignorais l'adresse précise, à Nimes, de M. Allemand, le trésorier de ce comité qui centralisait et utilisait les sommes produites par le livre.

D. à Gilly. — Expliquez-vous maintenant sur les documents annexés à la lettre de Peyron en date du 30 décembre.

GILLY. — Je reconnais que le reçu de 3,000 francs du 22 novembre a été signé par ma fille; mais prouve-t-il que je suis l'auteur responsable du livre, et que, encore le 22 novembre, j'acceptais les droits d'auteur? Il était convenu, depuis une époque antérieure au procès, que Peyron paierait tous les frais, notamment les taxes des témoins. Il a donc reçu les 3,000 francs, mais il les a portés à la maison pour le paiement des taxes. Tout naturellement, ma fille, qui m'assiste ou me remplace pour mille détails, a écrit et signé le reçu dans les termes que Peyron dictait sans doute. Vous me dites : « *Mais pourquoi donc Peyron n'a-t-il pas conservé les 3,000 francs pour payer lui-même les taxes? Ou bien, s'il ne voulait pas conserver l'argent et payer lui-même les taxes, pourquoi porter la somme chez vous, au lieu de la porter à M. Allemand?* » Mon Dieu! je ne vois pas bien clair dans tout ça, et maintenant, malgré ma répugnance à accuser Peyron, pour lequel j'ai professé pendant longtemps une réelle estime, je me demande s'il ne faut pas voir dans ce dépôt fait chez moi, bien inutilement, et dans ce reçu dicté, et dont ma fille n'a pas pesé les termes, tout un calcul, *afin de me donner les apparences d'un auteur responsable et qui profite des bénéfices de son œuvre.*

Vous voyez bien que, dans sa lettre au juge d'instruction de Bordeaux, Peyron reconnaît lui-même qu'il a, à mon insu, écrit avec Chirac la lettre du 18 novembre à l'éditeur, pour rétracter ma défense de publication!

Ayant sans doute réfléchi aux conséquences de la lettre PEYRON-CHIRAC à l'éditeur, cet avocat aura eu l'idée d'accentuer ma prétendue responsabilité

en déposant les 3,000 francs chez moi, et en dictant à ma fille un reçu où
elle n'a pas vu malice, et où on avait soin de bien marquer qu'il s'agissait
de l'argent envoyé par l'*éditeur Savine.*

Notez que le 22 novembre, j'étais à Nîmes, et qu'on paraît s'être arrangé
pour que le reçu des 3,000 francs ne fût pas présenté à ma signature à
moi : je ne l'aurais pas signé dans de pareils termes.

Je passe maintenant à la lettre de l'avoué Bonnet, datée du 13 décembre,
déposée par Peyron dans le but de prouver qu'à ma connaissance lui,
Peyron, avait touché mes droits d'auteur, et que je le priais d'utiliser cet
argent pour rembourser le montant d'une taxe Salis, avancée par Bonnet.
Je pourrais répondre d'abord par le raisonnement ci-dessus exposé : « Le
règlement des taxes ne me regardait pas. Peyron avait promis de les prendre
à sa charge et de les payer, notamment avec les bénéfices résultant de ses
droits d'auteur sur le livre. » De sorte que, quand bien même j'aurais écrit
en travers de la lettre Bonnet : *Prière à M. Peyron de bien vouloir faire le*
nécessaire, attendu qu'il a les fonds, cela signifierait simplement : « ce
» paiement vous regarde et ne me regarde pas; payez avec l'argent de vos
» droits d'auteur, comme c'est convenu. » Mais j'ai bien autre chose à dire
là-dessus !

D'abord, c'est la première fois que je vois la lettre Bonnet, du 13 décembre. Cette lettre qui m'a été adressée, dit-on, ne m'est jamais parvenue?

Pourquoi ne fournit-on pas l'enveloppe? A cette date du 13 décembre
j'étais à Paris. J'affirme que je n'ai reçu, ni directement par la poste, ni
autrement, cette lettre.

Peyron prétend que les mots au crayon tracés sur cette lettre en travers
sont de ma main et signés N. GILLY. Eh bien! c'est faux, ce n'est ni mon
écriture, ni ma signature, et par conséquent voilà un document double qui
paraît constituer une fourberie.

J'ajoute que les mots et la signature au crayon ne sont d'aucune des
personnes de ma maison, ni de ma fille, ni de mes deux fils; quant à ma
femme, elle est à peu près illettrée. Et puis, je crois reconnaître dans ces
lignes au crayon la propre main de M. Peyron.

D. à Gilly. — Nous pensons que ce n'est pas à la légère que vous venez
de prononcer de telles paroles. Vous accusez en propres termes Peyron
d'avoir fabriqué ou fait fabriquer un faux. C'est très grave.

GILLY. — J'ai dit ce que je pense; je nie absolument être l'auteur de l'écrit
au crayon. Je n'y reconnais pas la main de mes filles ou de mes fils, et sans
l'affirmer, je crois reconnaître là l'écriture de Peyron lui-même. Je vous

répète que je n'ai pas reçu la lettre Bonnet, datée du 13 décembre. J'étais alors à Paris, et j'y reçus le 12 décembre la lettre datée de *Nîmes 10 décembre,* de Me Bonnet, que je vous dépose à l'instant, et qui est relative également à la taxe Salis. A cette lettre je répondis quelques jours plus tard, ainsi du reste que Bonnet lui-même l'indique dans sa lettre du 19 décembre, que Peyron a également envoyée au juge de Bordeaux.

Eh bien! à la lettre du 10, j'avais répondu que j'allais prendre mes mesures pour le paiement de la taxe Salis. Ayant répondu cela à la lettre du 10, il est bien évident que je n'avais plus rien à écrire à ce sujet. Dès lors, comment admettre que j'aurais pu écrire sur cet objet les mots au crayon qu'on m'attribue? Je ne connais pas le dessous de toute cette manigance. J'en suis réduit aux suppositions. La lettre du 13 a été certainement écrite avant que ma réponse de Paris arrivât à Bonnet. Mais la lettre du 13 a été motivée par la publication de ma lettre du 9 décembre, adressée à Me Laguerre, pour désavouer le livre. Cette lettre du 13 décembre, encore une fois, je ne l'ai pas reçue, et je crois que c'est *pour cause* qu'on n'en produit pas l'enveloppe. Il faudrait demander à Me Bonnet s'il l'a mise à la poste; ou bien si, par exemple, il ne l'aurait pas tout simplement donnée à Nîmes de la main à la main à Peyron. Dans cette hypothèse, que je trouve vraisemblable, j'ajoute que quelqu'un, dans l'intérêt de la défense de Peyron, n'a pas hésité à commettre le faux sur lequel mon ancien avocat argumente aujourd'hui contre moi.

Je comprends si bien la gravité des déclarations que je fais actuellement, que je m'inscris dès à présent en faux contre la mention au crayon dont s'agit, et que je me réserve de déposer une plainte spéciale visant ce faux.

D. à Gilly. — Passons à un autre ordre d'idées. Vous vous êtes expliqué, ainsi que Savine, au sujet des deux lettres imprimées dans *Mes Dossiers* aux pages v et vi, et aux pages vii et viii ([1]); mais nous avons omis de vous interpeller sur une autre lettre, signée de votre nom, datée de *Nîmes, 11 novembre 1888,* qui est imprimée dans *Mes Dossiers* aux pages lxxv à lxxviii. Nous vous la montrons et lisons. Le même raisonnement qu'on vous a fait à propos des lettres imprimées aux pages v à viii, on doit vous l'opposer à propos de la lettre datée du 11 novembre, qui commence par : « Mon cher éditeur », et qui se termine par un paragraphe dans lequel vous approuvez, semble-t-il, la publication du livre : « Je ne regretterai pas d'avoir révélé publiquement, d'avoir dénoncé les abus et scandales..., etc. ».

([1]) Voir l'interrogatoire de Gilly, le 14 décembre, 2e feuillet au recto, et l'acte de confrontation entre Gilly et Savina, 3 janvier 1889, 2e feuillet au recto et 3e feuillet au verso.

R. — Je n'ai jamais écrit cette lettre; son texte ne m'a jamais été communiqué avant l'impression; je n'ai jamais autorisé personne à l'écrire. Il en est de cette lettre ce qui en est pour ma prétendue lettre insérée aux pages VII et VIII du livre.

D. à Savine. — Expliquez-vous à ce sujet.

R. — Le texte de cette lettre a été écrit par Peyron; la signature et la date, *Nîmes, 11 novembre 1888*, étaient également de sa main.

GILLY. — N'oublions pas qu'à cette date du 11 novembre, où soi-disant j'écris une lettre de Nîmes, *j'étais à Paris*.

SAVINE. — C'est vrai, mais j'ai cru que Peyron, mandataire avéré de Gilly, était autorisé par celui-ci à faire imprimer cette lettre.

GILLY. — A quelle date avez-vous reçu cette prétendue lettre de moi?

SAVINE. — Je ne puis le dire exactement. C'était le 14, le 15 ou le 16 novembre.

D. à Savine.— Y aurait-il un moyen de connaître avec sûreté cette date?

R. — Il ne serait pas impossible que l'imprimeur Planteau eût pris note sur ses registres de la date où je lui remis le manuscrit de cette lettre. J'ajoute que je le lui remis le jour même où je l'avais reçu de Nîmes par la poste.

SAVINE. — Il a été question ci-dessus du *bon à tirer*, et le sieur Gilly a prétendu savoir que je l'avais donné et que c'était le 12 novembre. Je l'ai bien donné, mais c'était seulement, à ce qu'il me semble, le 15; et, au surplus, on pourrait entendre sur ce point l'imprimeur Planteau, qui indiquerait la date exacte. J'avais bien, dès le 13 novembre, remis à l'imprimeur une partie du manuscrit; mais le bon à tirer, je le répète, ne dut être signé par moi que le 15; or, le 14 novembre, Gilly partit pour Nîmes. Je ne pouvais donc plus, le 15, lui demander de signer lui-même le bon à tirer; mais je tiens à dire qu'entre le 12, date de mon entrevue avec Gilly, et le 15, date du bon à tirer, j'avais reçu de Peyron et de Chirac des lettres qui m'autorisaient à corriger les épreuves et à donner le bon à tirer. Encore une fois pour moi, Peyron, Chirac, étaient les mandataires autorisés de Gilly.

D. à Savine. — Pouvez-vous produire les lettres dont vous parlez?

R. — En y réfléchissant mieux, je ne crois pas pouvoir affirmer qu'il y ait eu une lettre de Chirac : l'autorisation qu'il me donnait entre le 13 et le 15 résulte peut-être seulement d'une conversation entre nous. Je ne me rappelle plus au juste. En tout cas, l'autorisation par Chirac de corriger les épreuves *moi-même* et de donner *moi-même* le bon à tirer résulte implicitement d'une lettre au crayon que Chirac m'écrivit de Nîmes deux ou trois jours avant le procès (le 15 novembre peut-être), par laquelle il me priait *d'envoyer les bonnes feuilles du livre afin de les mettre sous les yeux des jurés.* Cette lettre se trouve dans le paquet de documents originaux que j'ai expédiés à Bruxelles. Quant à la lettre de Peyron, elle se trouve également à Bruxelles. Je produirai ces deux documents plus tard.

D. à Savine. — Pourquoi ne figurent-ils pas dans la collection de copies que vous avez déposées les 3-4 janvier courant?

SAVINE. — Parce que je n'avais pas conservé, avant de les envoyer à Bruxelles, les doubles de ces documents.

D. à Savine. — Vous demandez l'audition de l'imprimeur Planteau. Précisez les points sur lesquels devrait porter son audition.

R. — Il dirait exactement quelle est la date des bons à tirer (il y en a eu plusieurs, un par série de 36 feuilles). Il indiquerait également les dates de chacune des remises des manuscrits à son imprimerie et peut-être aussi spécialement la date exacte où je lui donnai le texte de la lettre soi-disant écrite par Gilly à son éditeur et qui figure aux pages LXXV à LXXVIII.

Il dirait encore, qu'antérieurement au 13 novembre onze heures du matin, date et heure précises de la première visite que je lui ai faite, il n'avait eu avec moi aucune relation quelconque.

GILLY. — Je constate une fois de plus que tout se passe en dehors de moi pour le bon à tirer comme pour le reste.

SAVINE. — Et moi, je répète qu'il m'était impossible de ne pas croire que Peyron et Chirac fussent vos mandataires et que je dusse suivre toutes leurs instructions. Mais, il revient à ma pensée un article écrit dans l'*Écho de Paris* par M. F. Xau. Il se trouve dans un numéro paru peu après le procès de Nîmes (le 20 novembre, je crois). C'est le récit daté de Nîmes, le 18 novembre, d'une conversation que le journaliste aurait eue là-bas avec Gilly.

D'après le journal, Gilly aurait dit le 18 novembre : « Mon livre paraîtra demain. »

J'ajoute que l'*Écho de Paris* du 12 décembre contient un autre article signé F. Xau, dans lequel, pour prouver justement que le livre est bien *de Gilly, de son aveu même,* on rappelle le propos qu'il tenait à Nîmes, le 18 novembre : « Mon livre paraîtra demain. »

GILLY. — A Nîmes, à l'époque de mon procès, j'ai bien causé avec cinquante journalistes !

Le 18 novembre, je n'ai pu tenir à personne un pareil langage. Je n'ai pu à cette date parler de MON livre et dire qu'il ALLAIT PARAÎTRE, car je n'en

15

voulais plus. Tous les témoins qu'on a entendus, ou qui pourraient être entendus, et qui m'ont vu ce jour-là, sont en état d'attester combien, au contraire, j'étais exaspéré à propos du livre.

SAVINE. — Je désirerais que M. Xau fût entendu.

Lecture faite, ont signé :

Signé : N. GILLY.
Signé : A. SAVINE.
Signé : A. LASCOUX.
Signé : CROSNIER.

GILLY, PEYRON, CHIRAC

Confrontations.

L'an mil huit cent quatre-vingt-neuf, le dix-huit janvier,

Devant nous, Lascoux, juge d'instruction au Tribunal de première instance du département de la Seine, assisté de Crosnier, commis-greffier assermenté, en notre cabinet, au Palais de Justice,

Sur notre invitation, ont comparu les ci-après nommés, à l'interrogatoire desquels nous avons procédé ainsi qu'il suit :

Enquis des nom, prénoms, âge, date et lieu de naissance, profession, demeure, état-civil et de famille, les inculpés ont répondu : Gilly, Peyron, Chirac, déjà interrogés.

Les trois inculpés ont dit : « Jamais, à propos d'aucune des instructions dirigées contre nous, nous ne nous sommes encore trouvés réunis ; veuillez donc opérer entre nous une confrontation sur les points qui paraissent les plus essentiels. »

CHIRAC. — J'appellerai tout d'abord l'attention sur les incidents de la journée du 18 novembre, à Nîmes.

On dit, je crois, que, connaissant la volonté formellement exprimée par Gilly depuis le matin, que le volume ne parût pas, j'ai insisté pour qu'il parût quand même, et je suis alors responsable, au même titre que Peyron, de la publication de *Mes Dossiers,* puisque j'ai signé, comme Peyron, la lettre partie de Nîmes le 18 novembre au soir, sur le vu de laquelle Savine a publié.

Eh bien! je déclare que dans l'après-midi du 18, Gilly qui m'a vu longtemps ne m'a pas dit un mot de sa défense de publier. Voilà pour commencer; est-ce vrai?

GILLY. — J'ai parlé cet après-midi-là à diverses personnes, qui en ont témoigné, du contre-ordre envoyé le matin sur ma demande. Je ne puis me rappeler si je vous en ai parlé à vous.

CHIRAC. — Vous ne m'en avez pas dit un mot, c'est Martin, en présence de Peyron, qui m'en parla le premier. C'est même alors que je sus que la dépêche dont s'agit avait été signée notamment de mon nom. Et je tiens beaucoup à ce qu'il soit constaté que je n'ai été pour rien dans cette dépêche signée de mon nom.

PEYRON. — Nous sommes d'accord là-dessus.

CHIRAC. — Donc, j'appris par ces deux messieurs l'existence du télégramme du matin, mais ils ne me déclarèrent nullement qu'il s'agissait là d'un contre-ordre ferme et définitif; ils eurent bien soin au contraire de préciser que le texte du télégramme disait d'arrêter la publication du livre tel qu'il était composé. Et ils eurent soin d'expliquer le sens de ces derniers mots. Ils disaient : Gilly sait que le livre est agressif pour Andrieux et il en est désolé. Il faudrait arranger ça, et c'est parce que le livre contient ces passages agressifs sur Andrieux et non corrigés qu'il a entendu de défendre la publication. Mais, en même temps, ces messieurs expliquaient qu'il s'agissait d'une défense conditionnelle, ce qui était d'ailleurs bien marqué par les mots « tel qu'il est composé» du télégramme. Il ne s'agissait dès lors, d'après eux, que de trouver un moyen de dégager M. Andrieux, et ce moyen trouvé, le livre, disaient-ils, pouvait paraître et Gilly ne maintenait plus sa défense conditionnelle.

Alors je proposai la rédaction du correctif qui se trouve imprimé aux trois premières pages du livre et qui a été si bien inséré après coup, qu'il n'est même pas mentionné dans la table des matières déjà imprimée à cette date-là.

Sur quoi, le correctif fut rédigé par Peyron et par moi : Et puis, nous écrivimes la fameuse lettre du 18 à Savine, contenant contre-ordre à la défense télégraphique du matin, qui avait été, à mon insu, signée de mon nom notamment.

Mais je marque bien que quand cette lettre fut écrite, j'ignorais absolument que Gilly avait voulu donner défense définitive de publier et au contraire MM. Peyron et Martin, ensemble ou l'un après l'autre, m'avaient parlé seulement d'une défense conditionnelle. De telle sorte que j'ai cru ne pas violer les intentions de Gilly en écrivant à Savine de publier, sous la réserve d'un correctif qui était joint à notre lettre même.

PEYRON. — Sans doute, je ne cachais pas à Chirac que les attaques contre Andrieux avaient déterminé la défense de Gilly; mais je lui dis nettement que cette défense était formelle et non sujette à un retour. Sur quoi, il se mit même fort en colère parce qu'il vit de suite les ennuis qui pouvaient résulter, pour Savine, d'une telle situation, puisqu'on manquait d'argent pour l'indemniser de ses avances, etc....., j'ai expliqué cela ailleurs....., mais on ne lui parla pas du tout du texte du télégramme. Il s'agissait bien de cela. Personne ne songeait qu'au fait brutal, à savoir que Gilly défendait la publication.

Sans doute, on pensa à arranger l'affaire par le moyen du correctif en question, mais cela n'empêche pas qu'en écrivant avec moi la lettre du 18 au soir, Chirac savait aussi bien que moi, pour l'ordre que nous donnions dans cette lettre, la défense formelle définitive et sans condition aucune de Gilly.

Chirac. — Je donne à ces assertions le démenti le plus formel.

Lecture faite, Gilly et Peyron ont signé avec nous, mais Chirac a refusé.

Signé : Lascoux.
Signé : Peyron
Signé : N. Gilly.
Signé : Crosnier.

GILLY, PEYRON

L'an mil huit cent quatre-vingt-neuf, le dix-sept février,

Devant nous, Lascoux, juge d'instruction au Tribunal de première instance du département de la Seine, assisté de Crosnier, commis-greffier assermenté, étant dans la chambre du sieur Gilly, qui est malade et obligé de garder la chambre.

Sur invitation, ont comparu les ci-après nommés, à l'interrogatoire desquels nous avons procédé, ainsi qu'il suit :

Enquis de leurs nom, prénoms, âge, date et lieu de naissance, profession et demeure, état-civil et de famille, les inculpés ont répondu : 1° Gilly, 2° Peyron, déjà interrogés.

D. à Gilly. — Nous vous faisons connaître les explications fournies par Peyron dans son interrogatoire en date d'hier.

Il est bien entendu que vous aviez d'abord consenti à la publication du livre; que vous vous êtes ravisé le 18 novembre; qu'à cette date, dans la matinée, vous avez fait savoir à Peyron que votre volonté formelle était, désormais, que le livre ne parût pas. Que Peyron reconnaît qu'il a parfaitement compris que telle était votre volonté, mais qu'il a jugé à propos de transgresser votre défense, et que, d'accord avec Chirac, il a envoyé à Savine l'ordre de publier. Peyron reconnaît donc son tort à ce point de vue; ne revenons donc plus là-dessus.

Mais nous vous indiquons les raisons alléguées par Peyron afin d'expliquer sa manière d'agir.

Que répondez-vous?

R. — Je réponds que mon ordre de ne pas publier était formel; que, dès lors, je ne dois plus encourir aucune responsabilité, et que les raisons allé-guées par Peyron sont mauvaises, attendu qu'il s'était engagé formellement, bien avant ma défense du 18 novembre, à supporter personnellement tous les frais de mon procès. En conséquence, je n'admets pas que, pour s'excuser, il puisse dire avec vérité : « J'étais poussé par le désir d'épargner à Gilly des embarras pécuniaires inextricables. J'avais espéré le tirer d'affaire à son insu et en quelque sorte malgré lui. »

PEYRON. — Je n'avais jamais pris un tel engagement.

· Les deux inculpés persistent dans leurs affirmations contradictoires. Sur ce point, ils rappellent que le dossier de Bordeaux (confrontations et dépositions de témoins à Nîmes) renferme des explications détaillées là-dessus, et s'en réfèrent à ce qui résulte de cette procédure.

D. à Gilly. — Peyron ajoute que par votre attitude, par vos actes, par vos écrits, vous avez, postérieurement à la publication du volume, ratifié l'ordre de publier, qui avait été donné d'abord à votre insu et malgré vous, le 18 novembre.

Répondez à ces objections ?

R. — Je répéterai devant Peyron ce que je crois avoir déjà dit hors de sa présence.

Les articles signalés dans l'*Union des Travailleurs* ne prouvent pas mon adhésion, attendu que je n'en suis pas l'auteur, qu'ils ont été rédigés en dehors de moi, que je les ai connus bien après leur apparition, et qu'à cette époque-là, quoi qu'en dise Peyron, je ne lisais pas le journal.

PEYRON. — C'est tout à fait invraisemblable.

Si occupé que vous fussiez alors à la mairie, vous n'étiez pas sans savoir que le livre avait paru.

Je crois pouvoir affirmer que votre fille lisait le journal, et que, par conséquent, elle vous en rendait compte.

Il y avait, en outre, près de vous des hommes fort soucieux de tout ce qui vous concerne, M. Allemand et M. Merle, votre secrétaire, et ces personnes ne vous auraient rien dit ? Je déclare, moi, que si vous n'avez pas lu vous-même les articles dont il s'agit, il est impossible que vous ne les ayez pas connus tout de suite par votre entourage.

En ce qui concerne spécialement la déclaration insérée en tête du numéro du 28 novembre, je rappellerai que votre fille l'écrivit à Savine pour protester en votre nom sur la réclame à propos de la *Fin d'un Monde,* et que dans sa lettre elle parle de *Mes Dossiers* en les appelant « votre livre ».

GILLY. — A ce moment-là, je n'avais pas encore lu le livre; mais mon collègue à la Chambre, Antide Boyer, m'ayant de Paris mandé que cette réclame me faisait du tort, aux yeux de mes amis, je m'empressai de dire à ma fille de donner ordre à Savine de supprimer la réclame.

Est-ce que cela voulait dire que j'acceptais la paternité de *Mes Dossiers*? Est-ce qu'on peut tirer un argument sérieux d'un mot plus ou moins opportun inséré dans ma lettre, dont le but était non pas un désaveu du livre, mais un ordre relatif à la suppression d'une réclame étrangère au livre? Ce livre avait paru et portait mon nom malgré moi. Au moment où ma fille écrivit, j'entendais toujours désavouer le volume, mais le plus pressé était de faire disparaître une réclame qui, imprimée sur un volume portant mon nom malgré moi, était, par elle-même, nuisible à ma réputation au point de vue politique.

Du reste, j'ai peut-être été dans mon tort en ne désavouant pas dès ce moment-là le livre, mais j'ai expliqué combien j'étais alors gêné vis-à-vis de Peyron, à cause de mes relations amicales jusque-là avec lui.

D. à Gilly. — Et vos témoins payés avec l'argent envoyé par Savine, à titre de droit d'auteur?

R. — Je n'y suis pour rien. Peyron devait supporter tous les frais. Je l'ai déjà expliqué.

L'argent de Savine a déjà servi à payer des témoins que j'avais. D'après les promesses de Peyron, je ne devais rien payer de ma poche.

PEYRON. — Je maintiens, moi, tout ce que j'ai dit pour répondre à une telle prétention.

D. à Gilly. — Et votre lettre datée de Nimes, 1er décembre, écrite à Chirac?

R. — Je maintiens les explications que je vous ai fournies dans mon interrogatoire d'hier, au sujet de cette lettre.

D. à Peyron. — Nous vous lisons dans cet interrogatoire les passages relatifs à la lettre en question.

PEYRON. — Je trouve les explications de Gilly inacceptables. La lettre du 1er décembre est pour moi une preuve nouvelle qu'à la date dn 1er décembre, Gilly continuait à ratifier la publication du livre paru d'abord contrairement à sa défense. Sans cela, il n'aurait pas demandé dans cette lettre s'il y avait assez de ressources pour faire face à tous les procès.

D. à Peyron. — Dans votre interrogatoire d'hier, vous avez déclaré que la ratification de Gilly était certainement postérieure au 21 novembre, date de la publication du livre. Exactement pouvez-vous indiquer la date à laquelle, selon vous, Gilly, revenant sur sa défense du 18, aurait ratifié la publication?

R. — C'est au plus tard le 22 novembre, date à laquelle je fis imprimer dans l'*Union des Travailleurs* l'annonce de la mise en vente de *Mes Dossiers* par M. Gilly.

Je répète que Gilly lisait le journal ou qu'on le lisait dans son entourage et qu'on lui en rendait compte. Je dis que puisqu'il n'a pas protesté contre l'annonce en question, c'est que dès ce moment-là il ratifiait la publication.

GILLY. — Je proteste, je n'ai pas eu connaissance de cette annonce et je ne suis jamais revenu sur ma défense du 18 novembre.

D. à Gilly. — Nous vous avons déjà fait connaître que Chirac prétend qu'on ne peut pas le considérer comme l'un des auteurs du volume. D'autre part, nous avons rappelé hier à Peyron quelques-unes des raisons sur lesquelles on peut s'appuyer pour penser au contraire que Chirac a collaboré active- ment au volume et qu'il encourt, par suite, des responsabilités. Ces raisons sont, en résumé, celles que vous avez indiquées vous-même. Avez-vous quelque chose de plus à dire sur ce point?

R. — Les raisons énumérées sont dans mon interrogatoire d'hier ou dans la question encore en date d'hier, que vous me lisez dans l'interrogatoire de Peyron, sont bien celles qui, à mon avis, prouvent la collaboration effective de Chirac. Mais je vous rappellerai encore certains passages d'une lettre que m'écrivait d'Alavène, de Londres, le 10 décembre. D'Alavène parlait des ennuis que pouvait me susciter la publication de la note confidentielle n° 2, relative à Mme Allemand (pages 163 à 168), et écrivait : « Mais aussi pourquoi M. Chirac a-t-il publié la note n° 2 qui ne lui avait été remise qu'à titre de document curieux quand il avait entre les mains d'autres pièces bien plus importantes? » Ceci ne prouve-t-il pas la part effective de Chirac dans la publication du volume et sa responsabilité?

Du reste, cette publication diffamatoire sur Mme Allemand me tient à cœur. Mme Allemand n'a rien à voir avec la Commission du budget et les personnes que j'ai appelées à Alais des Wilsons; je ne la connais ni d'Ève ni d'Adam.

Pourquoi mêler ces affaires aux affaires politiques dont on devait traiter uniquement dans *Mes Dossiers?* Je désirerais que Peyron s'expliquât nette- ment là-dessus. Est-ce lui qui a fait imprimer les pages sur Mme Allemand?

PEYRON. — Non, je n'y suis pour rien; je n'ai donné ordre à personne d'imprimer ces pages. Ce qui est intitulé : « Note confidentielle n° 2 » a été fourni par d'Alavène, comme celui-ci le reconnaît d'ailleurs dans la lettre du 10 décembre. C'est un des documents que nous ne rapportâmes pas de Londres, Chirac et moi; d'Alavène l'envoya directement de Londres à Chirac. Je ne l'ai connu qu'après qu'il avait été imprimé.

D. à Peyron. — Alors, ceci prouve bien, croyons-nous, que Chirac a été autre chose qu'un copiste ou un intermédiaire irresponsable. De ce qui

16

précède, il résulte que Chirac a, de son chef, inséré au volume au moins les pages 163 à 168.

Ceci doit être rapproché de ce que vous disiez hier des pages 121 à 124, qui se rapportent directement à la plainte Gerville-Réache, dont nous nous occupons actuellement. Ces pages 121 à 124, vous n'y êtes pour rien, avez-vous déclaré; vous avez ajouté que d'Alavène n'y était pour rien non plus, et Gilly pas davantage; quant à Savine, c'est l'éditeur et non le rédacteur. Ces pages 121 à 124 doivent donc être, à ce qu'il semble, l'œuvre de Chirac, du moins ce serait à lui seul, ou à son initiative, qu'on en devrait l'impression.

Et, par suite, il ne faudrait pas considérer Chirac comme un simple copiste, employé ou intermédiaire bénévole, et en quelque sorte inconscient?

PEYRON. — Ce n'est pas à moi à accuser un absent; je maintiens que, pour moi, Chirac n'a été qu'un intermédiaire irresponsable; je puis ajouter que nous étions tous deux les mandataires de Gilly qui s'en rapportait complètement à nous. Gilly doit donc nous couvrir. Nous avons pu nous tromper. Chirac aurait pu agir avec plus de discernement; mais il ne faut pas oublier la hâte, la précipitation avec laquelle ce livre a été composé, imprimé et publié. Le temps matériel a manqué pour mieux faire et pour me soumettre à Nîmes, avant l'impression, plusieurs documents que contient le volume.

. . . .

PEYRON. — Je désire que le procès-verbal ne soit pas clos avant que certaines explications aient encore été demandées au sieur Gilly. Si j'ai bien compris son système, il dit notamment que, dès avant le procès, j'avais promis de payer de ma poche tous les frais (taxe des témoins comprise) de ce procès. Mais alors, je lui demanderai à quoi devaient servir les droits d'auteur résultant du livre *Mes Dossiers.*

GILLY. — Dans ma pensée vous vous seriez récupéré de vos déboursés du procès sur les droits d'auteur, et une fois remboursé de vos dépenses pour le procès, vous auriez employé le surplus des sommes résultant des droits d'auteur à une œuvre démocratique.

PEYRON. — Voilà donc M. Gilly déclarant que, dès qu'il fut question du procès, je devais me rembourser de mes avances jusqu'à due concurrence sur les droits d'auteur. Et puis, n'a-t-il pas l'air d'ajouter que, plus tard, en vue de ne rien débourser de ma poche, j'imagine une combinaison de libraire, une vraie spéculation qui me permettrait de rentrer dans mes déboursés? Eh bien! si c'est cela qu'il a voulu dire, je proteste avec indignation.

GILLY. — Je n'ai jamais songé que Peyron ait voulu faire une spéculation. Pour moi, Peyron est un honnête homme. Il a cru utile, à un moment donné, de publier un livre, j'ai été de son avis; mais, plus tard, j'ai réfléchi : j'ai défendu la publication du livre, et Peyron aurait dû obéir à mon injonction.

Signé : LASCOUX.
Signé : CROSNIER.
Signé : N. GILLY.
Signé : PEYRON.

CHIRAC, PEYRON

Confrontations.

L'an mil huit cent quatre-vingt-neuf, le dix-huit février,

Devant nous, Lascoux, juge d'instruction de première instance du départe-ment de la Seine, assisté de Crosnier, commis-greffier assermenté, en notre cabinet, au Palais de Justice,

Sur invitation, ont comparu les ci-après nommés, à l'interrogatoire desquels nous avons procédé ainsi qu'il suit :

Enquis des nom, prénoms, âge, date et lieu de naissance, profession, demeure, état-civil et de famille, les inculpés ont répondu :

Primo : CHIRAC,

Secundo : PEYRON.

D. à Chirac. — Nous vous donnons connaissance des raisons énumérées dans les interrogatoires de Peyron et de Gilly (interrogatoires d'hier et d'avant-hier, d'après lesquels vous auriez pris à la rédaction et à la confec-tion du livre dont s'agit une part personnelle et très réelle).

Il faut vous expliquer complètement là-dessus.

R. — Je répéterai que j'ai été seulement un intermédiaire bénévole, amical et non rémunéré. Quand j'ai fait le voyage de Londres, c'était pour rendre service à Peyron, mandataire de Gilly. Je sais bien qu'on allait là pour cher-cher des documents dont plusieurs ont été plus tard imprimés dans *Mes Dossiers,* mais est-ce que d'avoir ainsi accompagné Peyron, on peut tirer la conclusion que j'ai collaboré au livre?

Sans doute, j'ai écrit une préface, mais, je l'ai déjà dit, c'était sur la prière de Savine, mon éditeur à moi pour d'autres livres. Pouvais-je lui refuser ce qu'il me demandait là à titre de service?

Poursuit-on ma préface?

Sans doute aussi, j'ai écrit les pages 3 à 6, en tête de la partie documen-taire, mais je ne sache pas qu'il y ait de plainte portée à propos de ces pages-là. Eh bien! voilà à quoi s'est bornée ma collaboration au livre : à une préface et à quatre autres pages signées de moi.

On vient dire que j'ai coordonné les autres documents, que j'en ai sur-veillé l'impression, que j'ai choisi dans le nombre de documents mis à ma disposition ceux qu'il fallait imprimer, que j'ai reçus directement de Londres des documents envoyés par d'Alavène qui ont été imprimés dans le volume sans avoir été soumis à Peyron, par exemple la note sur Mme Allemand, et que, de mon chef, j'ai fait imprimer les pages 121 à 124, dont se plaint M. Gerville-Réache.

Autant de mots, autant d'erreurs.

D'abord, je nie absolument avoir reçu directement de d'Alavène ou indi-rectement de d'Alavène par l'intermédiaire de Savine, après le voyage à Londres, aucun document quelconque. En conséquence, on s'est trompé en déclarant, par exemple, que j'ai reçu ainsi la note sur Mme Allemand; ou bien nous l'avons rapportée de Londres, Peyron et moi, ou bien elle me vint de Nîmes, envoyée par Peyron avec d'autres pièces.

L'insertion de cette note au volume ne saurait donc constituer un argu-ment contre moi.

Peyron. — Je suis obligé de déclarer, à mon tour, que les souvenirs de M. Chirac sont inexacts. Nous n'avons pas rapporté cette note de Londres. Je ne l'ai pas envoyée à aucun moment, soit à Savine, soit à Chirac. Je l'ai connue pour la première fois, quand M. Chirac, après l'avoir fait imprimer, m'en apporta la copie à Nîmes, deux jours avant le procès Gilly. J'en conclus forcément que cette note a été envoyée de Londres, après notre voyage, soit à Chirac directement, soit à Savine, pour être remise à Chirac.

Chirac. — Eh bien! non, ce n'est pas cela. Je n'ai pas pris sur moi de faire imprimer cette note; je l'ai trouvée dans le paquet des documents que Peyron destinait à l'impression.

La lettre, en date du 10 décembre, de d'Alavène à Gilly, ne prouve pas le contraire. D'Alavène a écrit mon nom dans la phrase dont s'agit, comme il aurait écrit celui de Savine ou de Peyron, de sorte que je pense que cette phrase pourrait être lue de la manière suivante : « Mais aussi pourquoi votre éditeur ou vos amis ont-ils publié la note n°2 ». J'ajoute que d'après la phrase textuelle de d'Alavène, celui-ci m'aurait remis la note en question (« Remis » signifie : « remis à Londres »), sans quoi d'Alavène aurait écrit non pas remis, mais envoyé. D'où il suit que d'Alavène nous a bien remis à Londres, à Peyron et à moi, la note dont s'agit. Et alors comment Peyron vient-il déclarer le contraire?

PEYRON. — Je n'ai aucun souvenir de la remise que d'Alavène nous aurait faite, à Londres, de cette note.

CHIRAC. — Quant aux pages 121 à 124, dont se plaint M. Gerville-Réache, je répondrai ceci : Ce sont des extraits de la *Lanterne,* qui étaient le corollaire tout indiqué de l'articulat concernant M. Gerville-Réache, qu'on trouve sous le n° 9, à la page 10. Le livre étant fait pour le procès de Nîmes, ainsi que cela·a été si souvent dit ici, devait naturellement contenir les documents qui se rapportaient aux articulations spéciales à chacun des témoins.

Les pages 121 à 124 étaient appelées forcément par l'articulat de la page 10. Je ne vois pas ce qu'il y a de diffamatoire là-dedans.

D. — Ce n'est pas la question. Peyron dit : *Ce n'est pas moi qui ai envoyé pour le livre ces extraits de la* Lanterne. *Ce n'est pas Gilly, ce n'est pas d'Alavène non plus ; et il n'y a pas pour cela à parler de Savine confiné dans son rôle de publicateur libraire.*

Alors on vous dit à vous : Voilà des pages incriminées qui ont été imprimées de par votre fait personnel, et il s'ensuit que vous avez pris à la confection du livre, en ce qui concerne ces pages incriminées dans la plainte Gerville-Réache, une part effective.

R. — On m'avait envoyé les articulats et des documents se rapportant à leur ensemble, et on m'avait dit : Le volume doit être le corollaire des articulats. J'avais donc à classer les documents, articulats par articulats. Quand je suis arrivé à l'articulat concernant M. Gerville-Réache, j'ai constaté que les documents corollaires manquaient. Alors j'ai cherché à combler cette lacune. J'ai découpé dans des journaux de ma collection privée ce qui se rapportait à l'articulat Gerville-Réache : et j'ai pensé que c'était tout simple.

D. — Vos explications ne sont pas en désaccord avec celles de Peyron. En fait, vous avez introduit dans le livre, aux pages 121 à 124, des documents de votre initiative personnelle, ce qui semble constituer partie d'une œuvre de collaborateur effectif.

R. — Je ne comprends pas une telle objection ; je ne la trouve pas juste. Je n'ai pas collaboré au livre.

Lecture faite, ont signé, sauf Chirac, qui a refusé.

Signé : PEYRON.
Signé : CROSNIER.
Signé : LASCOUX.

GILLY, PEYRON, CHIRAC

Confrontations.

L'an mil huit cent quatre-vingt-neuf, le dix-neuf février,

Devant nous, Lascoux, juge d'instruction au Tribunal de première instance du département de la Seine, assisté de Crosnier, commis-greffier assermenté, en notre cabinet, au Palais de Justice,

Sur invitation, ont comparu les ci-après dénommés, à l'interrogatoire desquels nous avons procédé ainsi qu'il suit :

Enquis de leurs nom, prénoms, âge, date et lieu de naissance, profession, demeure, état-civil et de famille, les inculpés ont répondu : Gilly, Peyron, Chirac, déjà interrogés.

PEYRON. — Pour prouver comme quoi Gilly est revenu sur son désaveu du 18 novembre et comme quoi, depuis la publication du livre jusqu'à la lettre à Mᵉ Laguerre, datée de Paris 9 décembre, il avait pleinement ratifié la publication, et comme quoi, par suite, le désaveu public du 9 décembre était sans valeur, on a fait au député du Gard plusieurs objections. Il s'est expliqué devant moi pour les objections tirées des articles ou notes publiées dans l'*Union des Travailleurs.* Il s'est expliqué, également devant moi, sur une lettre datée de Nîmes, 1ᵉʳ décembre, qu'il adressait à Chirac; mais à propos de la lettre à Mᵉ Laguerre, il a parlé d'une conversation qui se serait tenue dans sa chambre, à Paris, le 8 octobre, entre lui, Chirac et d'autres personnes. Il a dit formellement que c'était à cette date, et pas avant, qu'il avait été mis au courant de ce qu'il appelle la vérité; il a dit l'avoir connue alors par Chirac lui-même et, à l'entendre, son désaveu public n'a été formé le 9 décembre seulement que parce que, avant cela, il ne s'était pas trouvé suffisamment éclairé. C'est ainsi qu'il explique le retard qu'il a mis à publier son désaveu. Eh bien, puisque Chirac est mêlé directement à cet incident, je demande que des explications soient échangées devant moi, sur ce point, entre Gilly et Chirac.....

CHIRAC. — Avant que le débat sur le point visé ci-dessus par Peyron soit ouvert, je désirerais poser une ou deux questions complémentaires de l'acte de confrontation d'hier. Je demanderai à Peyron si, à un moment quelconque de la journée du 18 novembre, il m'a dit catégoriquement: Gilly s'oppose d'une manière définitive à la publication et il continuerait à s'y opposer quand bien même un correctif sur Andrieux serait introduit dans le volume.

PEYRON. — Je n'ai pas répondu catégoriquement, à Nimes, à une telle question puisqu'elle ne m'était pas posée, mais je déclare que le 18, vers trois heures après-midi, Martin nous ayant pris à part, Chirac et moi, dit en se tournant vers moi : il faut pourtant que Chirac sache ce que nous avons fait ce matin. Et alors nous parlâmes à Chirac de la dépêche et nous lui en indiquâmes l'esprit : Gilly est très ennuyé des passages agressifs que contient sur Andrieux le volume, il nous a chargés de donner contre-ordre afin que la vente fût arrêtée et nous avons télégraphié en ce sens à Savine.

A la suite de cette première conversation, il y en eut une série d'autres, toujours sur le même sujet, entre Chirac et Martin ou entre Chirac et Gilly, et encore avec d'autres personnes et à la fin de la journée ; quand la lettre fut écrite, j'avais, moi, l'absolue certitude que je transgressais les ordres de Gilly et je ne me posais même pas, à moi, la question qui, sur ce point, pouvait concerner Chirac, car, d'après l'ensemble des paroles et des incidents de la journée, je ne faisais aucun doute que Chirac, lui aussi, avait bien compris que la défense de Gilly était sans restriction et qu'il jugeait bon, lui aussi, d'envoyer un contre-ordre à Savine.

En résumé, ma conviction était, au moment de la rédaction de la lettre du soir, que Chirac était aussi au courant que moi de la défense sans conditions de Gilly.

CHIRAC. — Cela me suffit. Il s'agit de savoir si la conviction que s'était faite Peyron était exacte ou non. Je dis, moi, qu'elle était inexacte et que d'une simple conviction on ne peut rien tirer contre moi.

Si j'avais eu la certitude que Gilly s'opposait d'une manière définitive à la vente du volume, je n'aurais jamais dicté ou signé la lettre en question, donnant ordre de publier, me considérant comme le mandataire de Savine à Nimes. Je vous rappelle que c'est grâce à mes bons renseignements sur Gilly et sur Peyron, qu'il avait consenti à faire des avances; connaissant d'ailleurs les scrupules de Savine, j'étais bien certain que jamais il ne transgresserait une défense exprimée par Gilly. Dès lors, moi, mandataire scrupuleux, je n'aurais pas voulu tromper Savine. Je me serais exposé de sa part à des reproches graves.

CHIRAC. — Même question à Gilly. Pendant cette après-midi du 18, où il m'a vu si souvent au café, à table ou dans des promenades, m'a-t-il soufflé mot de sa défense télégraphique du matin?

GILLY. — Je réponds que ce jour-là j'ai parlé de mon ennui et de ma défense de publication devant nombre de personnes, dont plusieurs ont été entendues au cours de l'instruction de Bordeaux. Je m'en rapporte à ce que ces personnes ont témoigné. Il est certain qu'à ces personnes j'ai dit nettement que les attaques contre Andrieux m'avaient déterminé à défendre la publication et que ma défense avait été formelle et définitive. Ai-je dit cela aussi à Chirac? C'est possible; je ne le sais plus. En tout cas, il était présent lorsque je l'ai dit. Je puis même préciser que Peyron était là aussi, quand je tins ce langage qu'entendit Chirac.

CHIRAC. — Mais non, jamais un langage net comme celui-là n'a été tenu en ma présence.

PEYRON. — Je ne puis me rappeler les termes exacts, mais certainement, quand Gilly nous parlait devant Chirac, il parlait un langage dont le sens est conforme à sa déclaration d'à présent.

Je compris, moi, que sa défense était bien définitive.

CHIRAC. — Et moi je n'aurais pas eu l'intelligence de comprendre les choses comme vous? Allons donc!

CHIRAC. — Le 18, vers midi ou une heure, j'ai déjeuné à côté de Gilly et avec beaucoup de ses amis. Pendant le repas, il fut question de l'embarras où on était pour payer les témoins qui commençaient à demander le règlement de leurs taxes. Alors j'engageai Gilly à ne pas se tourmenter. Je lui dis: Savine vous fera de nouvelles avances; sa seule réponse fut accompagnée d'un hochement de tête: Ah! vous croyez?

Est-ce que Gilly m'aurait répondu de cette façon, s'il avait tenu à sa défense télégraphique du matin, que, moi, je ne connaissais pas encore? Est-ce qu'au contraire ce n'était pas une belle occasion de me répondre alors: mais je ne peux plus rien demander à Savine, car c'est fini du livre, et, depuis ce matin, j'ai interdit la publication.

Voilà donc encore une circonstance dans laquelle Gilly a évité avec soin de me parler de sa défense.

GILLY. — Je n'ai aucun souvenir d'avoir eu cette attitude, d'avoir été interpellé ainsi et d'avoir fait à M. Chirac une réponse pareille.

D'ailleurs, à ce déjeuner, il y avait beaucoup de monde et pas mal de personnes devant lesquelles on ne devait pas parler de nos affaires personnelles; il ne pouvait être question de ces détails pécuniaires.

17

CHIRAC. — J'étais à côté de vous, et je parlais de manière à n'être entendu que de vous.

GILLY. — Et moi je vous réponds que nous n'avons pas parlé de ça. . .

. . . .

D. aux inculpés. — Qu'on s'explique maintenant sur le point que Peyron désirait mettre en discussion et qui est expliqué au début du présent acte.

GILLY. — J'ai expliqué, soit dans l'instruction de Bordeaux, soit dans la présente instruction, qu'à Nîmes, j'avais soupçonné Peyron et Chirac de m'avoir trompé, et qu'enfin, j'avais été très gêné de m'en expliquer là-dessus nettement avec Peyron, et ce, à cause de nos relations, jusque-là très amicales. Je voulais, avant de rompre avec lui, être tout à fait fixé. Pour cela, il fallait causer avec Savine et Chirac, qui étaient à Paris. Je vins donc à Paris, et j'y arrivai le 7 décembre. Savine était en voyage; mais je vis Chirac. Il vint dans ma chambre, à l'hôtel de France, le 8, et se trouva là avec moi et avec Mᵉ Puech et mes amis Martin et Rigaud. Martin lui dit : « Vous avez fait du propre avec votre livre; il occasionne des procès à Gilly, et voilà Mᵐᵉ Allemand (pour ne parler que d'elle) qui l'assigne déjà, etc., etc. » Sur quoi, Chirac répondit : « Il se débrouillera comme il pourra. » Et puis, il fit l'histoire du livre depuis son commencement; expliquait exactement qu'un traité avait été fait à Londres avec d'Alavène, et que celui-ci touchait sur le volume des droits d'auteur. Or, c'était la première fois que j'entendais parler de ce traité; Peyron ne m'en avait jamais soufflé mot.

Ainsi donc, sur mon livre portant en tête le nom de Numa Gilly, M. d'Alavène touchait des droits. Je vis là une atteinte à ma dignité.

J'avais bien consenti, sans doute, à ce que Peyron se rendît de ma part à Londres pour y demander des documents à ce d'Alavène qui, d'ailleurs, les lui avait de lui-même offerts; mais, à cette époque-là, j'étais sans renseignements sur le personnage, sans quoi je n'aurais jamais consenti à entrer en relations avec lui.

Du reste, il fallait bien que ce traité passé avec d'Alavène fût presque inavouable, puisque Peyron avait pris soin de le cacher.

Eh bien! c'est la révélation de l'existence de ce traité occulte qui me démontra que j'avais été joué. On avait battu monnaie sur mon nom à mon insu.

Dans la conversation, Chirac, entendant les questions que je faisais, et étant témoin de mes étonnements continuels, en arriva à dire (je cite presque textuellement) : « Je vois bien que vous n'avez rien connu à l'organisation de ce livre. »

Il tint encore cet autre propos très grave : « Je comprends maintenant pourquoi Peyron m'a écrit de Nîmes de ne pas vous voir ici. » Je pensai qu'il fallait traduire ces paroles comme il suit : Peyron, qui m'avait caché le traité d'Alavène, avait eu peur que Chirac m'en parlât, et pour tâcher d'éviter cette révélation, il avait, sans expliquer ses motifs, et en donnant je ne sais quelles raisons, dissuadé Chirac de me voir.

Interprétant ainsi ce dernier propos de Chirac, je fus plus que jamais persuadé de la mauvaise foi de Peyron.

Dès lors, bien décidé à sortir de ce gâchis et à le dire publiquement, je me déterminai le lendemain à faire paraître dans les journaux une lettre à Mᵉ Laguerre.

Je répète que, faute de preuves suffisantes jusqu'ici, je n'avais pas voulu rendre public un désaveu qui contenait, au moins par sous-entendu, un blâme formel à l'adresse de diverses personnes qui avaient été mêlées à cette publication.

Je tiens même à ajouter que ce fut seulement le 8 décembre que je commençai à lire : *Mes Dossiers*. Jusqu'alors, comme je l'ai déjà dit, je n'avais qu'une connaissance très vague de ce volume ; mais le 8 décembre, comme on me parlait notamment du procès que me faisait cette dame Allemand qui m'était complètement inconnue, voulant avoir le cœur net de cette affaire, je demandai le volume ; Chirac l'envoya chercher chez l'éditeur, et après qu'on l'eût rapporté je me mis à le parcourir ; je sus alors qu'il contenait un tas de choses qui n'avaient jamais eu rien à voir avec mon procès de Nîmes. Jamais, à l'époque où j'avais donné mon adhésion à une publication en vue de mon procès, je n'avais compris qu'on publierait certains documents qu'on avait pourtant imprimés. Et je ne me lasserai pas de répéter que le livre devait être inoffensif.

CHIRAC. — Que Gilly dise la vérité. Tant qu'on n'a pas parlé du procès et que Gilly, qui fait aujourd'hui le modeste, a pu croire que ce livre serait utile à ses intérêts politiques, il n'a pas songé au désaveu (car je soutiendrai toujours que la défense de publier du 18 novembre n'était pas sérieuse, et qu'en tout cas elle visait uniquement les pages sur Andrieux et qu'après l'impression du correctif, la primitive défense était annulée) ; mais dès que les plaintes ont commencé, Gilly comprenant qu'il pouvait être condamné, a voulu tirer son épingle du jeu et rejeter sur nous la responsabilité qui lui incombait en propre. Ce n'est pas très crâne !

Dans la procédure de Bordeaux, je me suis expliqué sur ce qui s'est passé, le 18, à l'hôtel de Gilly ; je me borne à répéter ou à ajouter ceci :

J'ai bien pu ce jour-là parler du traité avec d'Alavène, mais je ne vois pas en quoi ce traité peut si fort mécontenter Gilly. Il est relatif à une cession, que l'on a faite à d'Alavène, d'une partie des droits d'auteur que doit Savine à l'auteur du livre *Mes Dossiers?* C'est vrai, mais le nom de Gilly ne figure pas dans ce traité.

En conséquence, le député du Gard n'a pas à dire que son nom est accolé à celui de d'Alavène.

PEYRON. — C'est exact. J'ai surveillé la rédaction du traité, j'ai tenu à ce que le nom de Gilly n'y figurât pas, et le traité est passé entre d'Alavène et Chirac représentant Savine. J'avais parfaitement compris que le nom honorable de Gilly ne pouvait pas être inscrit à côté de celui d'un homme qui, par son marchandage avec nous à Londres, m'apparut là-bas comme un véritable maître chanteur.

GILLY, à Peyron. — Enfin, ce traité-là je ne l'ai jamais vu, vous ne m'en avez jamais parlé; pourquoi?

PEYRON. — Quand je revins à Nîmes, fin octobre, venant de Londres, vous étiez à Nîmes, mais dès le lendemain vous partîtes pour Paris; avant votre départ, je pus vous voir, mais pendant une demi-heure, pas davantage.

Dans ce court espace de temps, nous ne pûmes causer que fort peu. Cependant, je ne manquai pas de vous dire en gros ce que nous avions fait à Londres, et notamment je vous exposai qu'il avait fallu payer 500 francs à d'Alavène pour ses documents, et, qu'en outre, on avait dû lui assurer une prime sur le livre projeté. Ceci, je vous le dis le jour même de mon arrivée à Nîmes; le lendemain, je pensais vous donner des explications plus détaillées et même vous faire signer un traité régulier avec Savine, traité dans lequel on aurait spécifié que vos droits d'auteur seraient diminués de tant, par suite des arrangements intervenus à Londres, mais vous êtes parti ce jour-là pour Paris, et je n'ai pu rien vous dire, rien vous montrer, rien vous faire signer.

GILLY. — Je n'ai aucun souvenir que vous m'ayez dit le moindre mot relativement à un traité avec d'Alavène; voilà tout ce que j'ai à vous répondre là-dessus; et le fait est là : à savoir que vous ne m'avez rien montré et rien donné à signer ni ce jour-là ni plus tard.

Mais c'est la même chose pour le traité entre Savine et moi. J'en ai eu connaissance pour la première fois dans le cabinet d'instruction où nous sommes maintenant réunis, lorsque Savine en déposa une copie pour le dossier de Bordeaux.

CHIRAC. — Je proteste. Vous avez tenu ce traité entre vos mains lors d'une entrevue qui eut lieu à Paris, chez M. Caron, le 12 novembre, entre vous, Savine et moi; ce jour-là, on vous parla de la cession de droits d'auteur faite à d'Alavène, et vous avez dit alors : « Je ratifie tout ce que mes mandataires Peyron et Chirac ont fait et feront. »

GILLY. — Je me suis expliqué là-dessus dans l'instruction de Bordeaux. Je ne reconnais pas qu'on m'ait alors donné véritablement communication du traité entre Savine et moi, et j'affirme qu'on ne me parla pas du tout alors d'un traité avec d'Alavène.

CHIRAC. — Alors c'est un système, vous niez tout?

PEYRON. — J'ai pu avoir des torts dans cette affaire, j'en suis convenu. J'ai expliqué les motifs qui avaient dicté ma conduite, mais j'entends dégager ma bonne foi et mon honnêteté.

En ce qui concerne le traité Gilly-Savine, j'ai toujours pensé qu'il avait été régularisé à Paris, avant le procès Andrieux, entre la date où Gilly quitta Nîmes pour venir à Paris et la date où il revint à Nîmes pour son procès.

J'ai déposé au juge d'instruction de Nîmes (dossier de Bordeaux) une lettre que Chirac m'écrivait de Paris le 8 novembre, dans laquelle, à propos des lettres signées Savine-Gilly, dont il était le rédacteur et qui ont été imprimées aux pages v à viii du volume, il disait (j'indique le sens, non le texte) : « J'ai vu Gilly, nous sommes d'accord. La rédaction de ces deux lettres vous va-t-elle? » La rédaction me convenait et je constatais que la lettre signée Savine, comme la réponse signée Gilly, réglaient la question des droits d'auteur. Dès lors, je conclus que le traité relatif à ces droits et que je n'avais pas été à même moi de faire signer à Nîmes, avait été signé par Gilly à Paris. Ceci me couvre, je le crois.

GILLY. — Et cependant, le traité n'avait pas même été présenté à ma signature.

PEYRON. — Ici, je dirai que ce n'est pas ma faute et j'ajouterai que je ne me suis pas encore expliqué comment Savine n'avait pas fait signer ici le traité par Gilly.

CHIRAC. — On considérait Gilly comme un honnête homme, et on n'imaginait pas que jamais il pourrait revenir sur sa parole. Dès lors, sa signature au bas d'un traité régulier parut superflue.

PEYRON. — Revenons en arrière. Chirac a dit tout à l'heure que la seule crainte des suites des plaintes dont Gilly eut connaissance, l'avait décidé à Paris à un désaveu définitif du livre. Moi, je déclare toujours que dès le 22 novembre, Gilly renonçant à sa défense du 18, aurait ratifié la publication et que par suite, je suis, pour ne parler que de moi, couvert. Cependant, pour rester dans la vérité, je dois indiquer que le 18 novembre, dans l'après-midi, après que déjà s'était produite la défense formelle de Gilly, les sieurs Martin et Allemand faisaient déjà entrevoir au député du Gard la possibilité de procès au cas où le livre serait publié, et qu'à la suite de ces observations, Gilly manifesta plus énergiquement encore la volonté que le livre ne parût pas.

CHIRAC. — Eh bien! moi, je n'ai pas entendu ces messieurs parler à Nîmes, le 18, de procès possible.

PEYRON. — Cependant, vous étiez présent et je me rappelle que nous répondîmes, vous comme moi à Gilly : Mais ne craignez donc rien, on ne vous poursuivra pas.

D. à Chirac. — Après ces longues parenthèses, revenons enfin à nos explications sur vos propos à Gilly le 8 décembre.

CHIRAC. — On prétend que, d'après ce que me disait Gilly, je compris que le contenu du livre lui était jusqu'alors inconnu; je me borne à répondre que je n'ai rien dit de semblable.

Relativement à un autre propos de moi, je comprends maintenant pourquoi M. Peyron m'a écrit de ne pas vous voir ici : Je réponds que j'ai tenu ce propos, mais qu'il n'a pas le sens qu'on lui attribue. Je me suis expliqué là-dessus dans un de nos interrogatoires du dossier de Bordeaux; on veut exploiter un malentendu. Mes paroles se rapportaient à une recommandation de Peyron, qui m'avait écrit avant le procès de Nîmes de prendre des précautions quand je verrais Gilly, parce qu'il était surveillé par la police.

PEYRON. — C'est exact; j'avais écrit en ce sens à Chirac et aussi à Gilly, dans les premiers jours de novembre. Les mots auxquels on a fait allusion n'ont en aucune manière le sens que Gilly leur attribue. Du reste, ils se trouvent dans des lettres que j'ai adressées à Gilly et à Chirac. Je demande qu'elles soient versées au dossier.

CHIRAC. — Je possède celle adressée à Gilly, car il me l'a donnée dans le temps. Je vous la remettrai demain.

GILLY. — Moi, je n'ai pas compris la chose ainsi.

CHIRAC. — Gilly prétend donc qu'à partir du 8 décembre, il m'a considéré comme un homme qui s'était, de concert avec Peyron, joué de lui? Alors, comment donc le lendemain, 9 décembre, m'écrivait-il la lettre que voici, qui est d'un ton si amical, et dans laquelle il me demande des renseignements pour sa défense à propos de ses procès? Est-ce que là il est question de désaveu du livre? Pas du tout. Et, cependant, le désaveu à Mᵉ Laguerre est de cette date-là 9 décembre.

GILLY. — Je reconnais que cette lettre est de moi et que je l'ai écrite le 9 décembre, date de ma lettre à Mᵉ Laguerre; elle n'a été faite que dans la soirée. Ensuite, je répondrai qu'elle n'a été écrite sur un ton amical que pour ne pas encore laisser soupçonner à Chirac mes sentiments et mes projets; nous avions en ce moment le même avocat, M. Puech.

Je voulais tirer de Chirac, avant de séparer ma cause de la sienne, tous les renseignements qui pouvaient m'être utiles. Par suite, une telle lettre ne prouve nullement que je restais avec Chirac et autres.

Je répète que ma lettre à Mᵉ Laguerre, datée du 9 décembre a été déterminée par ce que j'avais appris la veille dans ma conversation avec Chirac.

CHIRAC. — La justice appréciera le mérite de ces explications.

Ici Chirac ayant déclaré qu'il n'entendrait pas que la lettre dont on vient de parler fût annexée au dossier parce qu'il désire la conserver pour la produire en original dans les diverses voies où ces procès pouvaient l'appeler, nous en avons immédiatement pris une copie que nous faisons viser *ne varietur* par les trois inculpés et qui restera jointe au présent procès-verbal,

Lecture faite, nous avons signé avec Gilly et Peyron, le sieur Chirac ayant refusé de signer.

Signé : GILLY.

Signé : PEYRON.

Signé : LASCOUX.

Signé : CROSNIER.

Copie de lettre à annexer à l'acte de confrontation entre les sieurs Peyron, Gilly, Chirac, du 19 février 1889.

Paris, le 9 décembre 1888.

CHER MONSIEUR CHIRAC,

Demain, à dix heures, je dois me rendre chez M. Puech.

Je vous attends avec les divers dossiers pour pouvoir en prendre connaissance auparavant de partir pour Bordeaux, et devant le juge d'instruction de Paris, en commission rogatoire en remplacement de celui d'Albi.

Je n'ai pourtant aucune réponse du Parquet de cette ville, je crois pourtant que cette faveur me sera accordée.

L'adresse de M. de Rontigny pour notre ami Martin est indispensable. Ce dernier a des affaires personnelles, dit-il, avec lui et notre réponse lui abrégera son séjour à Paris.

A demain matin et bien à vous.

Signé : GILLY.

Paris, dix-neuf février mil huit cent quatre-vingt-huit.

Vu et annexé *ne varietur*.

Signé : LASCOUX.

Signé : GILLY.

Signé : PEYRON.

Signé : CHIRAC.

PIÈCES DIVERSES

Copie d'une lettre adressée par Peyron à Gilly et remise par Gilly à Chirac.

Ce 3 novembre 1888.

CHER AMI,

Aujourd'hui on a signifié à votre domicile la citation à comparaître devant les assises du Gard pour le 16 ou le 17 novembre. J'ai averti l'huissier et votre fils afin que la copie soit donnée à ce dernier et non à votre brave femme à qui cela aurait fait une émotion.

Je suis d'avis que vous rentriez de suite à Nîmes. A Paris vous êtes certainement filé, car le *Petit Républicain* a annoncé qus vous bifurqueriez à Dijon. Il pourrait vous arriver malheur. Ne voyez pas Chirac. Priez simplement Camélinat ou un autre ami *très sûr* d'avoir (chez Daumas, conseiller municipal, 11, rue de Châteaudun) une entrevue avec Chirac, afin que Camélinat ou cet ami m'apporte les documents de Chirac dont copie doit être signifiée au Parquet *dans le délai de cinq jours franco* à partir d'aujourd'hui samedi. Ainsi, jeudi, je dois faire cette signification, c'est vous dire que Camélinat doit de suite s'aboucher avec Chirac et venir ici apporter le tout.

Il vaut mieux que Camélinat apporte la chose plutôt que vous qui pourriez être dépouillé. Si vous pensez que j'exagère le danger, que Camélinat tout au moins vous accompagne si vous prenez les documents avec vous.

Chirac a gardé les documents que nous avons été chercher là-bas, pour les confronter avec les siens et les compléter sous quelques rapports.

A vous.

Signé : Élie PEYRON.

Refusez tout interview avec qui que ce soit. Le correspondant de la *Presse*, de Laguerre, sort d'ici pour avoir des renseignements que, du reste, je n'ai pas donnés.

Certifié conforme à l'original qui m'a été présenté aujourd'hui vingt février mil huit cent quatre-vingt-neuf, par Chirac.

Paris, vingt février mil huit cent quatre-vingt-neuf.

Le *Juge d'instruction,*
Signé : LASCOUX.

18

L'*Union des Travailleurs,* journal quotidien du soir. Numa Gilly, directeur politique.

Mes Dossiers, par Numa GILLY.

Aujourd'hui paraît à Paris, chez l'éditeur Savine, 18, rue Drouot, l'ouvrage annoncé déjà par nos confrères et contenant un certain nombre de pièces et documents dont M. Gilly comptait faire usage aux débats de la Cour d'assises, si ces débats n'avaient pas été étouffés.

L'ouvrage se compose de cinq parties :

1° Une courte introduction de M. Numa Gilly, sous forme de lettre, à son éditeur ;

2° Une préface savante et de haute philosophie sociale, due à la plume d'Auguste Chirac, le Drumont républicain-socialiste, l'auteur de *La Haute-Banque et les Révolutions,* des *Rois de la République de l'agiotage,* etc., qui aurait été le pivot de l'accusation contre les concessionnaires qui exploitent la République, et qui, nous tenons à le déclarer, pour couper court à tous les commérages de nos ennemis, nous a fourni les éléments les plus précieux de notre défense ;

3° Une biographie de Numa Gilly par son avocat, M. Élie Peyron ;

4° La liste des documents ;

5° Le compte rendu des débats.

Cet ouvrage nous paraît appelé à un immense retentissement.

L'*Union des Travailleurs,* journal quotidien du soir. Numa Gilly, directeur politique.

Mes Dossiers.

Quel est ce livre, *Mes Dossiers?*

Un souffle, une ombre, un rien, disent les uns, les malins et les habiles.

Un tas d'ordures, disent les autres, les plus sales de la bande.

Et cependant ils ont tous la fièvre.

Certains journaux ne décolèrent pas ; leurs articles paraissent sortis d'une cellule de Mazas ou d'un cabanon de Bicêtre. Ces feuilles, aussi vénales que leurs rédacteurs, et dont on pourrait mesurer le degré de vénalité aux sommes qu'elles reçoivent mensuellement pour se taire ou pour parler, ne trouvent pas d'expressions assez fortes et assez dédaigneuses pour celui qu'elles appellent : l'*ouvrier,* le *foudrier* et le *tonnelier.*

C'est bien là, en effet, le cas que peuvent faire d'un honnête homme ces porte-plumes de la féodalité financière, ces repus de pots-de-vin, ces girouettes de la presse, qui se vantent d'être républicains, socialistes même, et qui jettent les hauts cris parce qu'un homme, en réunion publique, divulgue les tripotages de ses collègues. Et ces gens-là expriment hypocritement la crainte que de pareilles divulgations discréditent et affaiblissent la République, sachant bien, au contraire, que tout membre gangrené doit être amputé; qu'il est de bonne hygiène de laver son linge sale.

Et que la République ne peut et ne doit vivre que de droiture et d'honnêteté.   T. S.

Mardi, 27 novembre 1888.

L'*Union des Travailleurs,* journal quotidien du soir. Numa Gilly, directeur politique.

L'affaire Gilly.

Nous avons, dans le temps, en insérant la réponse de M. Rodocamachi, demandé que M. Rouvier citât M. Gilly devant la Cour d'assises, afin que, par tous les moyens de droit, par la production des livres, entre autres, nous prouvions ce que nous avancions sur la foi d'un témoignage oculaire. M. Rouvier n'en a rien fait. Pourquoi?

Pourquoi encore M. Blatin n'a-t-il pas demandé que la lumière se fasse devant les assises du Gard sur les articulations qui étaient dirigées contre lui, le fait dont il parle étant visé dans les pièces de la procédure?

Sitôt que M. Gilly *a eu entre les mains* le livre de *Mes Dossiers,* sur la couverture duquel M. Savine a mis de sa propre initiative la phrase de Drumont, notre ami a télégraphié à l'éditeur de supprimer cette phrase, sous peine de dommages-intérêts.

L'incident Andrieux, etc., etc.

Bordeaux. — Imp. G. Gounouilhou.

17

www.ingramcontent.com/pod-product-compliance
Lightning Source LLC
Chambersburg PA
CBHW062008200326
41519CB00017B/4714